# AUTHOR INTRODUCTION

## 刘承元博士

3A咨询集团董事长、知一行九精益老师、清华大学外聘教授、"精益造物育人"机制理论创始人、精益案例库与精益学堂首席专家，《世界经理人》《企业管理》和《企业家》杂志封面人物。

1978—1982年，获哈尔滨工业大学工学学士学位。1983—1989年，国家公派留学日本，获大阪大学工学硕士、博士学位。1991—2000年，在世界500强企业理光深圳公司、上海公司任高管。2000年和伙伴一起创办了3A公司。

由于在管理专业领域的突出贡献，分别于2014年、2015年和2023年荣登《世界经理人》《企业管理》和《企业家》杂志封面；2018年8月，和海尔、美的等企业，以及董明珠等个人，同获颁中国管理科学学会管理科学促进奖；2020年获邀出版哈尔滨工业大学百年校庆杰出校友献礼图书《管理赢家》，收获了极大的荣誉……

作者简介

## 在理光的职业经验

在理光工作期间，刘承元把日本优秀的管理方法与中国的国情相结合，通过持续有效地推进方针目标管理活动、TPM和精益管理活动，创造了一个环境整洁优美、员工积极向上、管理高效严谨、文化温馨明快、受人尊敬的外商投资企业。这家年产值近百亿元的外资企业成了理光在全球最大的设计和生产基地，其高效的精细化管理和卓越创新文化更是远近闻名、有口皆碑，成为国内外企业争相效仿的标杆。

作为中方最高负责人，刘承元一直是理光在日本以外地区推进本土化经营的典范。理光在中国的成功离不开他所做的四件事：一是融合中日文化；二是持续推进精益管理变革活动，促进员工广泛参与；三是培养优秀管理团队；四是建设企业创新文化。在理光成功的职业经历为他经营3A这样优秀的咨询顾问公司打下了坚实的基础。

## 丰富经验成就"管理赢家"

刘承元在世界500强企业里历练10载，又在顾问实践中追求多年，积累了丰富的经营管理和精益咨询经验，被媒体和业界誉为"管理赢家"。自创办3A以来，刘承元博士带领专家顾问团队为一大批制造企业提供了务实有效的培训和咨询服务，成果累累，口碑卓著。

刘承元博士是一位有使命感、有情怀的资深管理专家。他一心传播创新经营和精益管理思想，矢志帮助中国企业全面提升经营管理水平。他指出，与知识相比，智慧更重要；与制度相比，机制更可靠；管理和监督重要，自主管理更重要；关注节流降本，更要关注开源增效；关注变动成本，更要关注固定成本；关注资源价格，更要关注资源效率；与短期的绩效相比，员工成长更重要；企业要贯彻"精益即经营"的思想，持续追求"激活组织、造物育人和缔造利润"三大价值。

他倾力奉献的"3A精益系列丛书"包括《精益思维》《精益改善》《造物育人》《缔造利润》，该丛书是中国人原创精益思想体系和成功实践的集大成，值得所有管理者反复阅读。

# 精益思维

## 活用精益思想的力量

刘承元 著

企业管理出版社
ENTERPRISE MANAGEMENT PUBLISHING HOUSE

图书在版编目（CIP）数据

精益思维：活用精益思想的力量/刘承元著. --
北京：企业管理出版社，2024.2
（3A 精益系列丛书）
ISBN 978-7-5164-2920-4

Ⅰ.①精… Ⅱ.①刘… Ⅲ.①企业发展—研究—中国
Ⅳ.① F279.23

中国国家版本馆 CIP 数据核字（2023）第 179706 号

| 书　　　名： | 精益思维——活用精益思想的力量 |
|---|---|
| 书　　　号： | ISBN 978-7-5164-2920-4 |
| 作　　　者： | 刘承元 |
| 策　　　划： | 朱新月 |
| 责任编辑： | 解智龙　刘畅 |
| 出版发行： | 企业管理出版社 |
| 经　　　销： | 新华书店 |
| 地　　　址： | 北京市海淀区紫竹院南路 17 号　邮　　编：100048 |
| 网　　　址： | www.emph.cn　电子信箱：zbz159@vip.sina.com |
| 电　　　话： | 编辑部（010）68487630　发行部（010）68701816 |
| 印　　　刷： | 天津市海天舜日印刷有限公司 |
| 版　　　次： | 2024 年 2 月第 1 版 |
| 印　　　次： | 2024 年 2 月第 1 次印刷 |
| 开　　　本： | 710mm×1000mm　1/16 |
| 印　　　张： | 15.75 印张 |
| 字　　　数： | 176 千字 |
| 定　　　价： | 68.00 元 |

版权所有　翻印必究　·　印装有误　负责调换

# 导读

经过数十年的发展，中国制造已经在多个方面打下了坚实的竞争基础，是未来转型升级并最终走向制造领先的重要条件。比如中国制造业门类齐全，而且形成了全球最完备的供应链；中国制造在人力资源上继续保持着竞争优势，优秀的制造业管理者和产业工人队伍在全球绝无仅有；中国制造在包括加工、物流等综合成本方面，依然保持着巨大的优势；中国制造在如高铁、航天、核电及某些装备制造等领域已经取得了突破性的进展。

然而，近些年，随着成本优势的逐步减少，一些人对中国制造的未来忧心忡忡，甚至有唱衰者认为中国制造现在腹背受敌，有被替代的危险。而凭着对中国制造的深入了解，我反而相信，中国制造不但能够超越德、美、日制造，而且引领世界也只是时间问题。

为什么我敢这么说呢？

因为当今制造业的竞争最终的决定因素仍然是人。所以，我认为，有我们这样一支发愤图强的制造业者队伍，中国制造必将遥遥领先。

如今，中国制造业转型升级已经到了非常关键的时刻，除了加大硬件投入外，还需要在管理能力建设方面有所作为，获取可持续的竞争优势。中国企业需要灵活运用精益思维，推动经营要素与管理机制的有机结合，推动企业管理向前发展。

本书是我多年参与企业经营和咨询管理经验的总结。

第1章至第3章，主要带领大家系统地认识精益管理及精益思维方式，并对精益实践中容易出现的问题做出了解答。

第4章，主要是关于做强中国制造业的谏言。在万物互联的今天，世界范围内旧的制造业竞争秩序正在被打破，新的竞争方式正在重构之中，中国制造业在精益思维的引领下必将实现跨越式发展。

第5章，主要介绍了中国制造在做大做强的过程中，如何将精益思维运用到管理中，以及如何用精益思维提高员工的积极性和企业的凝聚力。

在本书的最后，附录了一篇我的精益访谈录，希望对企业推行精益管理有所启发。

思考企业的未来，未雨绸缪地进行精益管理是我们的必然选择。当然，推行精益管理、提升制造管理技术水平绝不是一朝一夕的事情，应该是企业长期追求的目标！这也是我一直以来所坚持的信仰——精益的信仰！

# 目录 CONTENTS

## Chapter 1 / 为什么说精益是一种信仰

一、精益是一种信仰　　　　　　　　　　002
二、如何培养员工改善变革之心　　　　　006
三、优秀企业的几个基本特质　　　　　　011
四、走出误区，全面认识精益生产　　　　015
五、精益倡导的两个原则是什么　　　　　019
六、在精益实践中，感悟进取的中庸之道　024
七、全面理解并践行精益管理　　　　　　028
八、如何化解推进中的阻力，激发员工善意　033
九、打造精益中国学派的成功实践　　　　037
十、如何保障客户价值最大化　　　　　　042

## Chapter 2 / 精益管理中的精益思维

一、超越对手，需要三个精益战略思维　　048
二、企业为什么需要善用精神的力量　　　052
三、不得不学的三大精益管理思想　　　　056
四、改善中的"富人理论"　　　　　　　　061
五、教你一种全新的盈利能力分析法　　　067
六、只要心到，精益改善无处不在　　　　070

七、木匠和厨师，谁更容易成为领导　　075
八、从超级匠人秋山先生身上能学到什么　　078
九、跳出固有立场，提升解决问题的层面　　084
十、管理思维与改善思维　　088
十一、源头改善到底有什么样的威力　　093
十二、企业育人与爱员工有什么关系　　095

## Chapter 3 / 精益实践中的几个问题

一、精益管理中，供应链跟不上怎么办　　098
二、"三现"主义为什么重要　　101
三、如何在管理中实践"三现"主义　　103
四、如何处理好精益管理五大关系　　106
五、为什么制度关不掉一盏灯　　113
六、管理为什么要以现场为中心　　116
七、精益管理中，要警惕错误的降本策略　　120
八、数字化建设如何少走弯路　　123
九、质量管理"三不原则"与安灯系统　　127
十、管理者如何做到管得有效，活得从容　　130
十一、奖多罚少，企业错在哪里　　132

## Chapter 4 / 如何做强中国制造业

一、何为管理密集型企业，它们有什么特点　　136

二、如何提升制造管理技术水平　　139
三、为什么许多"高新技术企业"难长久　　142
四、只要用心做，传统产业更能基业长青　　144
五、制造企业如何走出亏损泥潭　　147
六、工匠精神是"药"还是"毒"　　150
七、财务订单核价影响企业发展了吗　　155
八、优秀企业为何不用计件工资制　　159
九、精益如何让企业走向更高的管理境界　　164

## Chapter 5　精益思维在管理中的运用

一、警惕管理中的"习惯性失败"　　168
二、员工爱找借口，错在管理者　　172
三、CEO和员工要放下博弈　　175
四、人性化管理不能光说不练　　179
五、调动员工积极性为什么这么难　　181
六、优秀员工到底怎么评　　184
七、如何评判企业文化的优劣　　186
八、如何培育包容进取的管理文化　　188
九、管理也需要审美　　191
十、为什么要倡导精益全员营销　　195
十一、工厂节能降耗的五个步骤　　199
十二、如何从痛苦管制走向快乐运营　　201

## 附录
## 刘承元精益访谈录

要点1：精益管理如何改变制造业　　206

要点2：如何颠覆管理中的"二八法则"　　213

要点3：中国企业管理有哪些问题，如何改善　　217

要点4：精益管理咨询的特点与经验　　225

# Chapter 1 为什么说精益是一种信仰

## 一、精益是一种信仰

关于中国企业必须走精益之路，多年来，我们一直都在鼓舞与呼吁。一路走来，既有遗憾，又有欣慰。遗憾的是，过去多年，许多企业依然沉迷于过去的成功，粗放发展，错失了升级管理和研发工艺技术的大好时光。欣慰的是，人们终于明白了通过精益管理实现企业升级的重要意义。今天，政府也开始倡导供给侧改革，推动精细化管理，目的就是要推动作为供给侧的广大企业，通过改善和革新，用更优的产品和服务满足市场不断升级的需求。

学习精益要从认识精益目标开始。精益有哪些目标呢？大家耳熟能详的有零缺陷、零库存、零浪费、零故障等。那么，我们不禁要问，世界上真的有零缺陷、零库存、零浪费、零故障吗？回答是否定的。也许有人会说："不对呀，丰田不就实现了吗？"其实不然，这是人们一直以来的误解。丰田从来就没有实现过零缺陷、零库存、零浪费、零故障等，只是矢志不渝地走在追求这些精益目标的路上。可见，这些精益零化目标只能无限接近，却无法真正实现，这是一种理想的高境界。

也许有人会说："既然不能真正实现，又何必孜孜追求？"这是因为只要朝着这个理想的高境界持续追求、快速进步，企业经营体制和竞争力水平就会不断提升，就能在市场竞争中立于不败之地。所以，优秀企业，特别是优秀的制造型企业，无不借助精益思想、方法和行动来推动企业进步。丰田是这样，理光是这样，三星、华为也不例外。

因此，企业走精益之路，说到底是企业领导和员工通过精益改善行动，朝着理想的目标不断修炼意识、思维和能力的过程。从这个意义上说，精益就是一种信仰，是指引企业领导和员工走向未来的信念、准则和指引。企业领导有必要从自己转变观念开始，影响和带领全体员工信仰精益、实践精益，让企业走向更美好的未来。

信仰精益，不仅表现在上述对目标和结果的认知上，还表现在对工具方法、企业管理、员工能力及精益时机等的正确认知上。

基于精益这个信仰，我们应该懂得工具、技术和方法没有最好，只有更好。在管理和技术上，企业千万不能故步自封，停止学习和思考，停止改变和进化。

有一家企业 CEO 向我抱怨，公司来料检查部门员工流动率很高，效率很低，不知道如何是好。我问其原因是什么，他说："几年前根据专家的建议，我们把检查作业台做高，让员工站着检查，这样可以提高效率，一直延续至今，现在员工不愿意了，因为他们认为别的部门都能坐着工作，为什么自己要站着工作，太累了而且不公平。"

知道了事情的原委后，我问他一个问题："提高检查效率的终极目标是什么？"他一时语塞，但在我的引导下终于明白，提高检查效率的终极目标是"不要检查"。让员工站起来工作能达成终极目标吗？答案是否定的。既然如此，那么站着检查就一定不是最好的方法，完全可以寻找更好的方法。

其实，在我们的精益辅导实践中，提高检查效率的方法有许多。比如可以根据供应商或零部件质量表现进行分类管理，对那些不出问题的供应商或零部件可以放宽检查或不检查；也可以为了提高供应链效率，把检查工作前置到供应商处实施，或者花时间辅导供应商改善品质，令其进入免检名单；还可以通过开发或外购自动检测装置实现对人的替代等。以上这些方法的目的就是在保障来料质量的前提下，不断寻找更好的方法，减少检查工作量，提高检查工作效率。

基于精益这个信仰，企业也应该懂得，只要走上精益之路，就不要惧怕管理落后。

两年前，有一家企业客户的 CEO 前往日本丰田参观，回来后情绪低落，告诉我："刘老师，我都有点不想做下去了，我们在管理上的差距太大，再怎么努力也难有大的作为。"我耐心地和他一起分析，让他慢慢地懂得两个道理：第一，即便你的管理很差，但客户依然给你订单，说明你的企业一定有可取之处，或者说你的对手在管理上也不高明，所以不要妄自菲薄；第二，你的管理这么差，企业依然可以生存，说明可以挖潜和提升的空间很大，机会难得，改善应该比较容易。也就是说，只要企业懂得把存在的问题当作机会，通过导入精益改善机制，发动广大员工主动发现问题，动脑筋想办法解决问题，企业就能够持续提升竞争力，获取更高的收益。

基于精益这个信仰，企业还应该懂得，员工只要付诸精益行动，就不必担心能力低下。

许多企业的管理者抱怨员工素养不高、能力低下，员工成了制约企业发展的瓶颈。针对这个问题，很多企业曾经期望通过绩效考核等方式来督促员工学习和提高，结果不了了之。后来他们听从了专家的建议，期望通过花钱做培训来提升员工的能力，最后发现员工并不领情，效果不佳。而我长期咨询实践的成功经验表明，帮助员工提升和成长，既不能靠考核，又不能靠培训，而要靠现场、现物的精益改善训练。只要员工能够在精益管理机制的约束下积极参与改善，就能够在发现问题和解决问题的过程中持续提升素养（习惯）、意识和能力。我坚信，员工的学习一定是为了改善，员工的改善肯定是最好的学习。

基于"精益"这个信仰，企业更应该懂得，精益不要等、不能等，现在就是最佳时机。

有太多的企业管理者错误地认为，做精益需要满足一些前提条件。有人说，公司管理基础太差，希望等管理基础好一些之后再做精益；还有人抱怨供应商管理太差，等供应商能力提升之后再做精益；也有人提出团队整体配合意识和能力太差，等团队成长之后再做精益……凡此种种，都是人们拒绝改变、拒绝进步、拒绝走精益之路的借口。正确的认识是，改善管理基础是精益的一部分，帮助供应商提升也是精益的重要工作，提升团队整体配合意识和能力更是精益的关键任务……

总之，精益需要企业从打破自己和团队的惰性开始，通过导入有约束力的精益管理机制，营造不得不做的改善氛围，促进员工广泛参与，让全体员工在发现问题、分析问题和解决问题的循环中修炼自己，体验成长（成就感），让企业收获绩效改善成果。只要企业领导能够身先士卒，坚持不懈，精益改善终将成为企业文化的核心内容，精益终将成为企业全体员工的信仰。

## 二、如何培养员工改善变革之心

对比不同企业的精益改善后我们发现，不同的企业员工参与程度不同，所收获的改善成果也不同。员工的参与程度是员工变革之心的外在表现。因此，如何培养员工改善变革之心就显得十分重要，是全面精益改善能否获得成功的关键。

改变一个人的行为很难，改变一个团队的行为更是难上加难。关于促进变革和改善的思考有许多，以下是对三种培养改善变革之心的思维和方法进行的对比分析，以便企业从中找出最高效的培养员工改善变革之心的办法。

### 1. 管理培训先行的思维

最具代表性的思维是管理培训，学习吸收，改善变革，收获成果。

改革开放以来，国内绝大多数企业基本上走的就是这条路。企业花钱把专家请进来培训，或者付费把员工送出去学习，为的是管理者和员工能够学以致用，通过积极行动收获改善革新成果。

事实证明，通过管理培训和学习吸收，让管理者和员工拥有改善变革之心的情况少之又少，转化率极低。即使有少数员工因为管理培训获得了改善变革之心，甚至尝试采取改善革新行动，也会因势单力薄和各种阻碍而慢慢消沉下来。可见，这种做法投入大、成本高、收效甚微。

在三峡地区有一家企业，为了提升管理水平、促进变革，在公司内组建了高、中、低三个管理学习班，请了许多专家教授讲学，花费了不少经费。可是两年之后，管理一切照旧，更不能奢望收获改善革新成果。最终企业高层找到了我们，专家顾问通过调研发现，那些经历了两年管理培训的成员确实懂得了许多管理思想，知道了许多管理工具或方法，但是他们并不清楚如何学以致用，往往还以学到了许多知识而倍感骄傲，非但没有反省自己不能学以致用的原因，而且把矛头指向一线员工，认为管理水平不能提升是因为员工素养和能力太差。

**2. 目睹问题先行的思维**

第二种思维是目睹问题，感受压力，改善变革，收获改善革新成果。

显然，这种思维要比前一种思维更接地气，更有可能取得成果。把问题展示出来，让管理者和员工目睹问题，通常会激发他们想改变现状或挑战目标的情绪。只要引导得当，培养他们的改善革新之心，促使他们采取改善革新行动是有可能的。

事实也是如此，我们看到有些企业把各种管理问题张贴在管理看板上，并要求相关责任人在限期内解决问题。只要高层具备较强的领导力，往往这些问题会得到较快、较好的解决，并收获改善革新成果。还有些企业领导人善于采用走动式管理，在各管理现场指出存在的问题,要求相关部门责任人记录并跟进问题的解决,也能收到相应的改善革新效果。

当然,这种一事一议做法的结果是:改善革新效率太低,与企业领导的全然付出相比,显然"性价比"太差,不值得推广。有的企业采取了更聪明的做法,聘请一批IE人才,要求他们每天到现场发现问题,直接参与解决问题或督促相关责任人解决问题。这样既可以避免公司领导亲力亲为,又能够扩大解决问题的规模,理应收获更多的改善革新成果。

但是新的问题又来了,这种工作模式通常会引起员工的反感甚至抵触。自己的问题每天被别人指指点点确实容易产生被冒犯的感觉,这是一件十分不体面和伤自尊的事情。

有这样一个案例:某企业领导认为现场改善革新速度不够快,为了加快步伐,从外部请了一位经验非常丰富的IE专家,授权他在全公司范围内找问题,督促员工改善。这位专家技术精湛,总能敏锐地看到各种浪费,他十分敬业,对员工的督促毫不留情,一时间革新改善进度确实很快。但是好景不长,有一天员工聚众罢工,问其缘由,回答是:"这位IE专家很厉害,干脆让他一个人把所有事情都做了吧。"为了平息事态,领导不得已忍痛割爱,把这位敬业的IE专家辞退了。

### 3. 改善行动先行的思维

经过长期的顾问实践,我们提出了一种全新的改善革新之心培养模式,具体步骤是改善行动体验,收获自信,改善变革,收获改善革新成果。

经过多年实践检验,我们发现这个模式不仅在培养改善革新之心和促进员工参与方面十分有效,而且快乐、和谐和可持续。与前两种思维相比，这是转化率最高的改善变革之心的培养模式。

第二种模式是从展示并让员工目睹问题开始，我们倡导的模式却是从启发员工自己发现问题和动手解决问题开始，出发点不同，收获的成果也大不相同，做法如下。

①选取某一类（*而不是某一个*）与员工当前的意识和能力相匹配的问题，制作识别、记录和解决此类问题的实用教材。在改善革新之初，通常选取如整理整顿或小布局调整等简单问题比较合适。

②针对所选类别的问题，对员工进行细致的解说和讲解，并确认相关员工是否真正理解、识别和解决此类问题。

③具体辅导这些员工识别、记录和解决所选类别的问题，并手把手指导他们，用指定格式把改善革新成果进行总结。

④有计划地组织改善案例发表会，让员工代表就一些有典型意义的事例发表讲解，接受公司领导和同人的检阅与喝彩。

这样做的好处是显而易见的，我们始终把员工看成现场的主人，是识别问题和解决问题的主体，变被动解决问题为主动解决问题。若让员工亲身体验识别问题和解决问题的过程，不仅有利于员工意识和能力的提升，还可以帮助员工尽快树立信心和培养兴趣。

如此循环往复，我们可以不断升级问题的广度和难度，持续提升员工识别问题、解决问题的意识和能力，并逐步培养优秀的改善革新文化。

有这样一个事例非常有启发意义：我们辅导深圳一家世界500强企业的工厂做精益改善，为了提升某条生产线的生产效率，我们按照以下步骤展开工作。

①我们结合这条生产线的特点和浪费问题，制作了一份简单易懂的关于《动作分析和效率提升》的学习资料。

②我们对生产线共80多名作业员工进行了一次集中培训，用录像和图解的方式细致讲解工序分解、动作分析及消除浪费的事例和方法。与此同时，我们还针对效率提升工作进行了动员，建议大家来一次识别浪费和消除浪费的竞赛，看谁做得好、做得快。

③我们给每位员工发了一份《工序分解分析表》，动员每位员工如实记录自己工序的每一个动作及动作时间。

④所有员工在约定时间内积极提出并具体实施减少甚至消除浪费的改善。

用了不到三个月，这条生产线效率提升了近40%，受到了公司高层的高度赞赏。从此之后，这条生产线的员工信心倍增，改善革新之心被完全点燃，成为全公司改善革新活动的标杆。

这个事例告诉我们：亲身体验解决问题的过程，要比目睹问题更能激起员工改变的意愿，更能培育改善变革之心。

## 三、优秀企业的几个基本特质

我长期关注和研究丰田、理光以及国内许多优秀企业，发现这些企业的管理思想中蕴含着大量的东方文化特质及我们老祖宗的哲学思想。但因为他们的管理思想不新，所以研究者不感兴趣。他们低调、谦逊，做人不喜张扬；务实、严谨，做事不折不扣；执着、坚持，追求尽善尽美；平等、尊重，主张全员参与。

丰田、理光等企业所具备的这些品质和内在优势，恰恰是我们制造业管理者最缺乏、最需要了解和学习的。

### 1. 低调、谦逊，做人不喜张扬

丰田人的低调是出了名的。丰田的总裁至今还不忘告诉员工，走路要走属于自己的右边（*大路朝天各走一边，但是又有多少人在成功之后还记得规矩*）。当全世界的目光都在关注丰田的时候，丰田人却不动声色，继续默默地做自己的事情。他们只有一个目标，那就是高效率地做世界上最好的车。

我在理光工作十年，也深深地体会到这种做人原则的重要性。理光的总裁极少在聚光灯下露面，即使两次获得日本国家经营绩效大奖，他还是低调如常。他还经常告诫员工，白天工作要放下"理光"的架子，要学会用个人的实力（能力和自身的影响力）去和周边的人（特别是供应商和社区的民众）交往；晚上，要扛起"理光"的牌子消遣，要保持品位，千万不能因为个人的放荡坏了"理光"的名声。这种品性对企业的经营具有深远的影响，特别是与供应商的交易中体现平等互惠的精神，最终使得供应商成为理光成功的重要基石。这些先进的供应链管理理念，在一些"聪明"人看来实在是不精明的地方，却恰恰是他们获取成功的重要思想基础。

**2. 务实、严谨，做事不折不扣**

成功的日本企业都在实践着一个叫作"三现"主义的思想，即"现场、现物、现实"。就是说，解决问题的时候要到"现场"去，确认"现物"，并认真探究"现实"，杜绝一切闭门造车或关门开会等官僚主义做法。这种务实、严谨的工作态度不仅造就了一流的产品品质，更重要的是培育了员工务实、严谨的做事风格。

在理光，把"三现"主义变为"五现"主义，除了"三现"之外还加入了"现金"和"现认"。就是要求管理者和员工对任何一个事件（好的叫"改善"，不好的叫"失败"）进行经济（金额）评估，并进行确认总结，培养员工强烈的成本意识。很多时候，做事不折不扣表现在对细节的关注和追求上。

"三现"主义和关注细节的具体做法有很多，比如制造管理者的办公桌就在生产线旁边，开会就在发生问题的现场，而不是在会议室，最高领导者会经常与一线员工交流，各级管理者特别注意培养员工良好的习惯等。尤其在当下，树立务实、严谨和做事不折不扣的态度十分重要。

### 3. 执着、坚持，追求尽善尽美

人们发现，日本在重视传承的同时，强调持续改善。因此，改善和不断追求精益成了日本人提升管理水平的主通道。改善更多的时候可以带来快乐。

为了持续改善和追求尽善尽美，日本企业从实践中提炼出了许多有效的工具和方法，如5S、TQC（Total Quality Control，即全面质量管理）、QCC（Quality Control Circles，即品管圈）、TPM（Total Productive Maintenance，即全面生产维护）、JIT（Just In Time，即准时制生产方式）等。为了利用这些管理工具成就卓越的改善文化，没有执着、坚持和持续追求尽善尽美的精神是做不到的。日本人会用一生做5S、TPM、精益生产，而我们企业的管理者常常期望快速找到一剑封喉的办法。作为管理顾问，我就经常遇到客户要求，能不能帮他们快速（3个月或6个月）做好管理。

在日本企业里，5S这项基础工作像宗教一样的东西，是工作的重要组成部分。TPM是20世纪70年代开始流行的，许多日本企业至今还在乐此不疲地追求。精益生产由丰田人提出，成了制造型企业持续提升管理水平的法宝。

如果认为日本人"保守或古板"，我建议将之视为"执着和坚持"。要在企业内造就持续追求完美的文化，没有执着和坚持是万万做不到的，而许多管理者缺的就是这份"执着和坚持"。

### 4. 平等、尊重，主张全员参与

日本企业崇尚团队的力量，更加尊重一线员工的人格和能力，并设法发掘他们的智慧。

日本企业中的劳资关系基本上是积极的，因为劳资双方能够更多地认识到对方的作用。在日本企业里，他们坚持认为，产品的品质是一线员工（设计者和一线工人）设计和制造出来的，真正创造价值的不是管理者，而是员工。管理者只有在服务一线员工的过程中才能实现自身的价值，这其实也是精益生产的重要思想之一。丰田最伟大之处在于数十年如一日地设法发掘一线员工的智慧，在培养工人的意识和技能方面不遗余力。

## 四、走出误区，全面认识精益生产

### 1. 走出精益生产方式认识误区

一直以来，人们对精益生产方式还存在许多认识误区，这些误区阻碍着我们前进。

误区一：精益生产仅仅是一套系统或方法。

在我的《卓越制造管理》课程中，讲到 A 企业 500 吨注塑机"9 分钟换模"的实战案例（基本上是"走钢丝"的水平），让学员们羡慕不已。有学员提出，让我帮助他把公司近百台注塑机改造成"9 分钟换模"（每年可以节省数百万元）水平，顾问费好谈。可见，这位学员认为"9 分钟换模"是一套可以简单复制的方法。而事实是，A 企业从 3 个小时换模时间改善到现在的 9 分钟，整整花了近 10 年的时间，累积了 900 余项改善，而且通过这个改善过程，员工的意识和能力都大大地提高了。只有环境、设备、材料、方法和员工等同时具备所要求的条件，成果才能够得到维持。

可见，认为精益生产仅仅是一套成熟的系统或方法是不对的。正确的认识是，精益生产是在全员改善文化的支撑下，管理系统不断走向精益的过程。丰田有形的系统和方法固然值得学习，而无形的软实力更值得我们研究和借鉴。

误区二：丰田可以做零库存，我们不具备做零库存的条件。

我在与客户或学员交流的过程中发现，许多人认为，在现在的供应链条件下，不可能做到零库存。每当这个时候，我都要耐心地做出说明，帮助他们纠正错误的认识。

人们经常说丰田的"零库存"，以至于精益生产里的零库存理念或追求变成了高不可攀的"现实"。事实并非如此，在丰田的仓库里及生产线上，库存是客观存在的，只是丰田人一刻也没有停止对更少库存（无限接近于零）的追求。可见，零库存并不是现实，而是一种不断走向精益的思想，以及对零库存持续追求的态度和行动。理解了这一点，就不会惧怕或抵触零库存，而且任何时候都可以尝试追求零库存。

与零库存类似的思想和追求，还有零缺陷、零浪费、零切换、零停滞、零故障、零灾害。这七个"零"是目标，而不是现实，所昭示的就是一切追求完美的精益管理理念。

误区三："自働化"就是自动化。

我不止一次被问道："丰田或理光都强调'自働化'，他们的生产线自动化的比例到底有多高？"从问题中可以看到人们的一个认识误区，那就是把"自働化"当成自动化。

事实是，"自働化"是丰田生产方式里重要的原则之一。所谓"自働化"，就是让设备或系统拥有人的"智能"，当被加工零件或产品出现不良时，设备或系统能即时判断并自动停止。通过"自働化"改善的设备或系统,可以达到两个目的:一是不生产不良品,实现零缺陷;二是可以节省监控设备运行的看护人,实现省人化。所以,"自働化"与一般意义上的自动化不是一回事儿。

误区四:精益生产就是看板管理。

这是一个常见的误解。看板管理是实现后工序拉动式(Pull)生产,并最终实现JIT(Just In Time,即准时制生产方式)的一个工具。

在传统的生产方式里,一般采用前工序推动(Push)的方法安排生产,即前工序按照自己的进度进行生产,之后将做好的产品传递到后工序。这样做的坏处是,当后工序产能不匹配或出现问题时,会造成产品停滞、堆积和生产周期变长等。在TPS里,要求采用后工序拉动的方法安排生产。具体地说,就是后工序使用"看板"通知前工序"什么时间,需要什么,需要多少",前工序根据后工序的需求和节拍安排生产,保障供给。

除此之外,还有许许多多的认识或管理误区阻碍我们走向精益。比如有人认为,员工没有责任心,做不了零缺陷;供应商管理水平太低,做不了零库存;所处行业特殊,做不了精益生产等。其中,"条件论者"为多数,在我看来,这些论调都属于拒绝走向精益的借口。殊不知,丰田是在刚刚决定生产汽车的1926年就提出了"自働化"和"JIT"的管理原则,并持续追求至今。

**2. 认识精益化企业的软实力**

人们常常会问:"为什么精益生产、精益管理这么难学?"回答这个问题,需要深刻地认识精益企业的两个方面:一是有形的硬实力;二是无形的软实力。迄今为止,市面上传播的精益生产,是一个近乎完美的思想体系和方法架构,而对于改善哲学和改善文化是怎样形成的与如何走向未来的问题，研究的人并不多，也没有人说清楚。

在我看来，丰田、华为等优秀企业外在的硬实力是"末"，内在的软实力是"本"。在学习优秀企业的时候，人们自觉不自觉地出现了严重的本末倒置现象。人们更多地关注外在的东西，比如高效的生产线、兢兢业业的员工、低缺陷率的产品、整洁有序的现场及灵巧便利的工具设备等，并被这些美好的事物打动。一说学习优秀企业，人们首先想到的是学习、模仿甚至复制这些美好的"结果"，很少有人透过表象看本质，很少了解这些美好的"结果"是怎样被创造出来的，优秀企业的员工为此付出了多少汗水和智慧。

人们很少研究精益企业的改善、创新思想是怎样形成的，改善文化和员工的改善习惯又是怎样养成的，他们的领导和员工又走过了一个怎样艰辛的过程。在学习精益管理的时候，对于改善哲学和改善文化建设问题，人们或者不够重视，或者无能为力。

我们应该清楚，通过模仿或者照搬一些精益生产的具体做法，确实可以提高生产效率，但是这样的学习只能带来一时的效果，并不能给企业带来可持续的能力，更不能最终形成全员参与的改善文化。舍本逐末的后果是显而易见的，绝大多数企业只学到了皮毛，没有学到精髓。

我们还应该清楚，即使你能够复制优秀企业所有有形的东西，也不等于精益，因为精益中的每一天都在尝试改进当下的一切。

## 五、精益倡导的两个原则是什么

企业走精益之路，说到底是全体员工通过精益改善行动，朝着理想的目标不断修炼意识、思维和能力的过程。企业领导有必要从自身开始转变观念，影响和带领全员一起信奉精益、实践精益，把企业带向更美好的未来。那么，在走向精益的过程中，丰田倡导的两个精益原则仍然适用，必须长期坚持：一个是"自働化"，另一个是准时化。

### 1."自働化"

所谓"自働化"，是对那些保障不做不良品或不让不良品流出的机制或方法的总称。因为这些机制或方法拥有判断和自动停止的功能，所以丰田喜一郎坚持使用有单人旁的"働"，意指有人的智慧。

在管理实践中，为了降低产品不良率，人们花了大量时间，但是往往吃力不讨好。比如为了防止设备产出不良品，人们会安排一名设备看护人守在设备旁边，一边看护设备，一边检查产品；为了防止不良品流入下道工序，会在工序间安排检查人员对半成品进行逐一检查；产品生产结束之后，还要进行最终检查。这些检查其实都不产生客户价值，检查越多浪费越大，但又不得不检查。不仅如此，经检查发现不良品时，还要返工，有些甚至需要直接废弃，造成更多的浪费。更可怕的是，所有的检查终究无法保证排除所有的不良品，一旦有不良品流通到客户或市场，就会造成经济纠纷和信誉的损失。可见，通过加强检查来降低产品不良率的做法，终究不是高效益的好办法。

与各种检查相比，"自働化"就高明得多。它通常从两个层面来实现：一个是研究一次就能做对的"防呆"办法，不做不良品；另一个是不能保证一次做对的时候，设法找到能够防止不良品流出的"纠错"办法（*出错后被强制纠正*）。丰田喜一郎发明的办法属于纠错范畴。为了与人们崇尚的"制度"进行有效区分，我将这些结构化的好办法统称为"机制"，可见机制比制度更可靠。

那么，到底什么时候需要研究"自働化"改善呢？越是靠近品质的源头，"自働化"改善越有价值。

首先，如果能在产品设计阶段就遵循"自働化"原则进行改善，效果最佳。以人们常用的钢笔为例，从前的做法是，笔身和笔套配套尺寸公差要求较高，加工过程中容易出现尺寸不良，造成返工，而且在钢笔使用过程中还会因为磨损出现松脱现象，造成客户投诉。现在的设计有了改善，即在笔身和笔套间加了一个卡环（*或点*），然后做大配套尺寸公差，这样做不仅不会再产生尺寸不良的钢笔，还可以保障使用中不会因为磨损造成松脱。

其次，可以通过加工工艺、工装夹具或加工设备的"自働化"改善来消除产品不良。

最后，通过进行"自働化"检出方法改善杜绝不良品流出。在网上广为流传的一个使用电风扇检出不良品（检出漏装产品的盒子）的例子就是一个很好的"自働化"改善案例。

从以上分析得知，通过"自働化"改善来解决品质问题，是机制导向，而非制度或责任心导向，更能引导人们进行系统的思考和方法改善。通过"自働化"改善，不仅能够降低产品不良率，还能够极大地提高生产效率，减少各类品质损失，值得人们持续坚持。

**2. 准时化**

所谓准时化，是指生产过程中通过采用后工序拉动的方法，实现工序间无停滞的、快速的和及时的流转，即JIT。据说，丰田喜一郎在创办丰田汽车之前曾前往美国福特公司观摩学习，看到每个车间都堆放着大量的中间库存，就问福特人这是怎么回事儿。福特人告诉丰田喜一郎："这是大批量生产必须保有的缓冲库存，否则生产就难以顺利进行。"丰田喜一郎接着问："这是为什么？"福特人的回答是："要是没有这些库存作为缓冲，当设备故障、作业失误、不良品产生、供料不及时等任何一项异常发生的时候，生产就会停止，造成人力等巨大浪费。"丰田喜一郎心想，如果以后做汽车，无论如何都要反其道而行之，以准时化为原则，减少中间库存，减少因为库存造成的大量浪费。

至今还有人说，库存式生产适用于大批量生产时代，如今是小批量、多品种生产时代，必须采用准时化JIT生产。而丰田人认为，不管是大批量生产，还是小批量、多品种生产，准时化都是一个必须坚守的基本原则。如果不能实现准时化，库存就成了必然。而库存是万恶之源，库存本身是浪费，它占用资金、消耗利息、占用场地、耗费空间资源，还可能带来降价风险等；库存还会派生出许多问题，如搬运、保管、寻找、防护等无价值作业；库存更会掩盖大量的管理不善问题，使得产能不清晰，产出不稳定，停机、停线及物料延迟等异常无人关注，造成工作现场失控，没有紧张感和节奏感，效率低下。

有人会说："我也想做准时化，消除库存。但现实是，如果没有了库存的缓冲，到处都会发生停工待料的问题，浪费可能更加严重，这么做得不偿失。"抱有此等想法的人不在少数，问题在于他以为追求准时化是一个非此即彼的选择题，要么有库存，要么没库存。事实是，追求准时化是一个动态平衡的过程，是一个通过改善让库存不断减少的过程。

企业要清楚，库存不管是多少，它都是一种"合理"的客观存在，是自然形成的结果。根据我的经验，对于一个没有追求准时化的企业来说，谁也说不清楚库存为什么这么多，而不是更少。之所以说它"合理"，是指如果一切都不加以改变或改善，那么库存通常不能少于现有量；少于它，生产就可能停顿，就会造成更多的损失。当然，说它"合理"，并不是说要放任它的存在，而是要从现状出发，启动一个持续减少库存的循环。

那么，如何启动这个循环呢？如果没有专家指导，绝大多数情况下，企业会让相关部门从研究库存的合理性开始，结果肯定是不了了之，因为现有库存总是相对"合理"的。在管理实践中，库存只是结果，追求准时化既是原则，也是减少库存的手段。所以，要减少库存，必须从准时化改善入手。所谓准时化改善，说到底就是那些与产品生产相关的部门动脑筋想办法缩短工作或作业周期的过程。

明白了这个逻辑之后，事情就变得相对简单了。

销售部门要设法缩短客户订单的处理周期，并以更快的速度把订单信息告知计划（制造）部门和采购部门。

采购部门要改善部门工作和供应商能力，更快捷地保障物料供应。

制造部门要持续进行改善，消除制造过程中的各种异常，提高设备、工艺、品质的可靠性和稳定性等，最终达到缩短制造周期的目的。

检查部门要改善检查方法，最好实现与制造部门并行工作，在物料或产品流转中完成检查……

改善的结果是，整个生产周期越来越短。对应生产周期的缩短，企业就可以安心地把库存降下来。理论上讲，生产周期每缩短一天，就可以减少一天的库存。我们发现，越是库存少的企业，其订单交付情况越好，因为其生产周期足够短；越是库存多的企业，其订单交付情况越差，因为生产周期太长。

以零库存为目标，以准时化为原则，倒逼所有前工序，包括销售、采购、检查和制造等部门进行全面改善，追求设备零故障、工作无差错、无不良品产生及无延迟供料等，可以极大地缩短生产周期。

综上所述，丰田倡导的两大精益原则对企业经营的意义重大，值得企业坚持。

## 六、在精益实践中，感悟进取的中庸之道

在辅导客户走向精益的过程中，我渐渐对"中庸之道"有所感悟，并逐渐加深认识——先是自创"精益中庸之道"一词，进而提出了"进取的精益中庸之道"。

《中庸》有言："喜怒哀乐之未发，谓之中；发而皆中节，谓之和。中也者，天下之大本也；和也者，天下之达道也。"意思是说，所谓"中"，即内心没有情绪，保持平静、安宁、祥和的状态，是天下万事万物的本真；所谓"和"，是指在情绪产生时，内心能够保持不受情绪的影响和左右，则是天下最高境界的道。所以，中庸成了人们修身养性或修行的目标。

后来，中庸之道又有了许多不同的解读：中庸之道，是指不偏不倚、折中调和的处世态度；中庸之道，是指在处理问题时不走极端，找到折中、妥帖办法的行为模式。

中庸之道讲究不走极端，是一种不偏不倚的"平衡"哲学。在精益中，为了让企业走向至善的经营管理高境界，有许多策略

和方法需要不走极端、不偏不倚的"平衡"。基于此，我认为，用"精益中庸之道"来表达精益中的这种哲学思考是很贴切的。

不久前，一位日资自动加工装备企业CEO感慨："最近日子很不好过，企业的订单日渐减少，盈利越来越难。"问其原因，他抱怨："自从数年前中国本土企业掌握（模仿）了这类装备生产技术之后，以低价策略抢占市场，在价格竞争中抢走了大部分订单。"进一步交流后我得知，国内企业报价要比这家日资企业便宜30%，甚至更多……他很委屈地争辩："我的报价是高，但我的机器使用寿命要比其他机器长一倍以上（至少能用15年），为什么不选我的产品？想不通……"

显然，这位日企CEO不懂"精益中庸之道"，更不懂进取的"精益中庸之道"。他的问题在于，没有真正了解当下客户对产品使用寿命的期望，以为自己无限追求使用寿命天经地义，并没有做错什么。而事实是，在产品使用寿命和成本之间产生矛盾的时候，客户是有取舍的。也就是说，为了成为竞争中的赢家，要依"精益中庸之道"思考问题，并设法平衡使用寿命和价格（成本）之间的关系，既要保障产品使用寿命，满足客户的期望，又要在成本上保持优势，即要有较高的性价比。

在日常生活中，也不乏同样的例子。比如诺基亚的产品质量十分过硬，听说其手机能够砸核桃、锤钉子，一度被传为佳话。但仔细想想，好像大可不必，手机并不是越结实越好。有人号称其手机经久耐用，10年不坏，这也是多余的，手机并不是越耐用越好。飞机对安全性要求很高，大概有人会想，可否给每个乘客准备一个弹射降落伞，一旦飞机发生故障，可以像军机一样把乘客弹射出舱。而现实中，设计师和制造商为了平衡成本等，并没有这样做……这里都涉及平衡的问题，也就是中庸的思维。

同样的现象，也发生在精益管理的许多方面。

精益中追求零库存，但库存的多寡与订单交付之间需要维持某种平衡，在管理水平不变的情况下，并不是库存越少越好。也就是说，为了保障订单交付，必须容许有一定量的库存存在，否则就会大面积发生交付问题，这就是针对库存的"精益中庸之道"。但是，人们在尊重这种平衡的同时，不应放任这种平衡一成不变，并通过不断改善管理，消除不良、停机等异常因素，缩短生产周期，以便达到用更少的库存来保障订单交付。这就是"进取的精益中庸之道"，即精益改善不断打破"旧平衡"，建立"新平衡"。

精益中追求高质量没有错，但在成本和效率因素的制约下，质量并不是越高越好。比如采用最好的材料、最好的工艺和最严格的产品检查等，固然可以提高产品质量，但可能失去成本优势。正确的做法是，试图以可以承受的较低成本，使产品质量能够较好地满足客户当下的要求。如此中庸的一句话，却是企业经营者必须拥有的辩证思维。当然，随着时间的推移，如果放任这种平衡的存在，终究会造成客户的抱怨。人们必须不断改善管理，深究并消除引起质量问题的各种原因，同时实现降低成本和提高质量两个目标，在满足客户需求的同时，保持成本竞争优势。

精益中追求准时配送也没有错，但是如果无限压缩配送间隔时间就可能造成浪费。也就是说，实现准时配送是为了节省生产空间占用和提升反应速度，提高经济性，但配送次数过多就可能降低经济性，它们是一对矛盾体，需要平衡。同理，人们可以通过简易自动化等低成本改善或投入来逐步化解这个矛盾，从低水平的"旧平衡"走向更高水平的"新平衡"。

精益中追求"一个流"或单件流生产,是否只能是一件一件流呢?回答是否定的。追求"一个流",是目标、是方向,但到底流动批量多大合适,还需要衡量经济性。当然,如果能够通过改善,在不损害经济性的前提下,流转批量越小越好,直至实现真正意义上的"一个流"。

精益中追求低成本也是应有之义。但在提升质量、保障安全、绿色环保和员工满意等要求面前,降低成本是要受到制约的。也就是说,成本也不是越低越好。

在企业经营管理过程中,存在许多相互制约的矛盾体,并维持着某种平衡。精益的目的就是打破系统既有的旧平衡,并通过改善提高对矛盾体的管控能力,从而让系统走向更高水平的新平衡,这就是"进取的精益中庸之道"的精髓。

## 七、全面理解并践行精益管理

经常有人问，精益生产、精益管理或精细化管理有区别吗？以我有限的认知来看，它们之间没有区别，也无须进行区别。考虑到现实的需要，特别是人们容易误以为精益生产只是生产部门的事，建议统一称为"精益管理"。

精益管理是什么？为了消除人们的误解，先讲一讲它不是什么。

一方面，人们误以为精益管理就是某一个结果。比如有人认为，在诸如丰田这样优秀的企业里看到的就是精益管理，其实不然。人们看到的只是长期精益管理收获的结果而已。有人认为，提升20%、30%的生产效率，甚至更高，就是精益管理，这也是错的，这只是精益管理不同阶段的里程碑而已。又有人认为零缺陷、零库存就是精益管理，这也不对，零缺陷、零库存只能说是精益管理孜孜以求并无限靠近的理想目标。

另一方面，人们认为精益管理就是某些工具和方法。比如有人认为，U形线、细胞生产、看板管理就是精益，其实不然。这些生产方式都是在精益过程中应产品工艺特点及客户需求，用来提高生产效率、增加生产线柔性的手段而已。又有人认为，5S、IE、QC、6Sigma等就是精益管理，其实这些都是精益管理改善中分析某一类特定问题的工具而已。

精益管理既不是某些特定的结果，也不等同于各种具体的工具和方法。那么，精益管理到底是什么呢？

**1. 精益管理是一个信仰**

这个信仰的具体表达是，要相信永远存在比现在更好的办法。企业领导和员工都要懂得，现在的做法一定不是最好的，要敢于挑战现状，多动脑筋，寻求更好的办法进行改善，获得更好的结果，达成更高的目标。有许多企业管理者错误地认为，做精益需要满足一些前提条件。有人说本企业的管理基础太差，希望等管理基础好了之后再做精益，其实这是错的。正确的认识是，改善管理基础就是精益的重要组成部分。

**2. 精益包括两个重要原则和追求："自働化"与准时化**

所谓"自働化"，是那些保障不做不良品的机制或方法的总称。因为这些机制或方法拥有判断、自动停止或执行的功能，所以使用有单人旁的"働"字，意指拥有人工智慧。

为了减少不良品或客户投诉，产品检验成了管理中不可或缺的重要工作。其实，与各种检验相比，"自働化"要高明得多。它通常从两个层面来实现：一是研究一次做对的"防呆""防错"办法，不做不良品；二是实在不能保证一次做对的时候，设法找到能够防止不良品流出的"纠错"办法，出错后能够报警或强制纠正。为了减少失败成本，越是靠近品质的源头，越需要进行"自働化"改善。

所谓准时化，是指生产过程中通过采用后工序拉动的方法，实现在制品在工序间无停滞地快速和及时流转，这就是我们常说的JIT。在管理实践中，库存和准时化改善是紧密相关的。准时化改善做得好，库存就少，否则库存就多。可见，库存是结果，追求准时化既是原则，也是减少库存的手段和方法。所以，要减少库存，必须从准时化改善入手，持续缩短各个流程环节的作业周期。

明白了这个逻辑，事情就变得简单了。销售部门要设法缩短客户订单处理时间；采购部门要在最短时间内保障物料供应；制造部门要持续提高设备、工艺、品质的可靠性和稳定性，缩短生产周期；检查部门要改善检查方法，缩短检查周期，最好实现与生产并行作业……总之，各有关部门一起努力，就能够持续缩短整个生产周期。理论上讲，生产周期每缩短一天，就可以减少一天的库存。准时化改善是以零库存为目标，倒逼研发、销售、采购、制造和检查等部门进行全面改善，持续缩短生产周期的过程。

**3. 精益需要拥有三个战略思维**

第一个战略思维：关注节流降本，更要关注开源增效。由于竞争的缘故，当企业规模保持不变的时候，利润和利润率通常是下降的，原因是原材料和人工成本等通常是上升的，而产品价格多数时候是下降的，利润空间势必受压。所以，制造业要想保持一定水平的利润和利润率，就必须着力做大规模来摊薄成本。如果认为精益就是节流降本一条路，就大错特错了。

第二个战略思维：关注变动成本，更要关注固定成本。一般来说，材料成本和劳务费属于变动成本的范畴，受关注也是必然的。但固定成本往往被忽视，极大地降低了企业的竞争力水平，这才是大问题。

固定成本就是那些不管是否有产出都要付出的成本，比如厂房租金、厂房和装备折旧、资金利息及管理成本等。东北有一家企业年销售额100多亿元，该企业领导很自豪地告诉我，他们拥有19栋厂房，每栋厂房5万平方米。这样一家企业，背负了太高的固定成本，要实现盈利十分困难。而深圳有一家企业年销售额也是100多亿元，至今只有一栋5万多平方米的厂房，它就是我创业前所服务的理光深圳公司。这两家企业，由于他们需要消化的固定成本不同，所以竞争力水平就拉开了距离。

许多企业的资产负债表里有大量的资产，但这些资产不仅没有为企业增加有效的产出，反而成为巨大的折旧和利息负担。

第三个战略思维：关注资源价格，更要关注资源效率。我经常会提醒企业领导，与其抱怨外部环境不断恶化，还不如内求，即把关注的焦点放在内部管理上。如何聚焦内部管理呢？有一个很好的方法，就是关注各类资源的产出率。

每当我问到材料价格、员工工资、厂房租金等资源价格的时候，企业CEO心里像明镜似的，说明他们很关注。但是，当我问到每平方米厂房的产出是多少，每个员工的产出是多少，每一度电、每一吨水、每一立方气的产出又是多少的时候，绝大多数CEO显得很茫然，因为他们压根儿就没有关注过这些数据，造成企业资源极大的浪费。

从这个角度审视中国制造企业，我们发现，还有许多待挖掘的"金矿"。所以，中国制造企业要把企业内的精英组织起来，聚焦品质、成本、效率和交付等问题，全面开展以提升资源效率为目标的精益改善，快速提高企业的经营管理水平。

**4.精益是企业全体员工参与的持续改善行动**

精益是企业领导和全体员工一起进行的一场旨在提升企业能力的修炼。修炼的主体是人，修炼的道场是企业现场，修炼的对象是企业流程、设备、系统和每一个人。

优秀企业之所以越来越优秀，能够不断地提升硬实力和软实力，就是依靠整个团队有一个共同的信仰，并在既定轨道上持续修炼的结果。

## 八、如何化解推进中的阻力，激发员工善意

### 1. 如何化解精益推进中的阻力

精益管理要取得成功，一般都需要走好关键的三步。

第一步是打破团队惰性，树立样板，激发员工参与的信心和兴趣；第二步是挑战自我设限，改善绩效，提升团队改善意识和能力；第三步是树立冠军信念，持续改善，培育企业创新基因和文化。

其中，精益的第一步最艰难，最困苦！所以，我们重点讲一讲如何走好精益的第一步。

大家都知道，人是有惰性的。在接触新事物的时候，多数人都会出现不理解、不习惯或抵触情绪。企业和人一样，也会有惰性，而且组织惰性比个体惰性更强，改变起来更难。

那么如何化解阻力，打破惰性，快速促成改变呢？需要做好以下三个方面的工作。

第一，下定决心，坚定信念。要成功导入精益管理，企业

领导务必做到意志坚定，不怀疑，不动摇。领导还要协调高管团队，形成统一意志，带领高层团队一起，身先士卒，积极行动。同时，为了充分表达领导的决心和意志，可以通过召开启动会等形式，和团队约法三章：空杯心态，放下经验；不讲理由，快捷行动；坚定信念，持之以恒。

第二，行动提前，培训靠后。一般的认知是，要改变一个人，首先要从改变他的观念开始。为此，许多企业花费大量的时间和金钱做培训，期望通过培训改变员工观念，进而促成员工改善行动。遗憾的是，绝大多数培训只能保持短暂的热度，却不能转化为员工的行动。

我们3A顾问创业之初，在如何打破组织惰性方面，同样办法不多，效果有限。后来，我们感悟到，要想让团队学会精益，必须让员工行动起来，从最简单的改善做起。

行动的改变必然带来环境的变化，环境的变化可以促成观念的转变，观念的转变会进一步推动行动的升级。这就是我们常说的"人造环境，环境育人"的逻辑，是一个美好的闭环。

第三，树立样板，以势服人。人们常说，要以理服人。但是，在精益实践中，讲大道理往往难以服人，讲思想理念也难以深入人心，一定要用事实说话，让员工见证精益行动带来的成果。

具体办法是，选择若干样板区，集中优势力量进行点的突破。当样板区的改变足够大时，就会和非样板区形成落差。落差越大，管理"势能"越大，人们就会在巨大的"势能"面前信服，这就是以势服人。

比如，家具企业通常会受"锯末"困扰，所以就要选择锯末多的地方做样板。又比如，印染企业常常会受"跑冒滴漏"困扰，所以就要选择"跑冒滴漏"严重的地方做样板。

总之，只要样板区突破了，那些强调行业特殊性的声音就会随之消失，管理者和员工就可以真正倒空自己，放下经验，虚心学习。这是一个美好的转变，一旦实现了这个转变，精益管理的推进工作就算走好了第一步。

**2. 激发员工善意，养成改善习惯**

经常有人问我，在企业管理中，到底应该信奉"人性本善"，还是信奉"人性本恶"呢？我的回答是，相信人性从善：你对他善，他可能会善，你对他恶，他可能会恶。换句话说，只要影响、教育和引导得当，绝大多数人是能够从善如流的。

而且这一基本判断在我们长期的精益管理辅导实践中已经得到了有效验证。

只要持续运营员工微创新提案机制，就可以广泛激发员工的善意，持续坚持就可以让员工养成行善习惯！为了实现这个目标，至少要做好三件事情。

第一，要正确定义精益中的"善"。精益中的善就是改善，指的是"改方法，善结果"。通过改变方法并带来好结果的所有活动或工作都是改善，千万不能纠结改善有没有分内、分外之别。

第二，要降低行善的门槛。降低行善门槛具体包括两个方面，一是奖赏一切有积极意义的改善提案；二是，把奖励金额下限定为5元、10元，对奖金进行符号化和标签化处理。古人云，勿以善小而不为。降低行善门槛，有利于引导全体员工从身边不花钱、少花钱和能做的改善做起，并在改善实践中不断提升心智、意识和能力。

第三，要有领导欣赏和制度激励员工行善的机制和形式。特别需要注意的是，欣赏和激励的对象是员工行善的行为，千万不要纠结提案给企业带来多大的效益。

以为提高奖金，甚至按成果金额比例发放奖金，就能够激发员工参与积极性的想法是错误的。因为抬高奖金下限，就等于抬高行善的门槛，使得多数员工望而却步。这样做不仅没有好处，还把员工的注意力引向金钱，这是十分有害的。

相信人性从善，还要区分员工犯错的性质，确认哪些是有意犯错，哪些是无意的差错。针对员工有意犯错，比如故意损坏公物，企业可以及时予以惩处；针对员工无意识的差错，比如螺丝漏装等，不能一罚了之，而要以宽容的态度设法引导员工直面问题，独立解决问题。

只要能够这样引导和激发，让多数员工走在行善的路上，获得赏识和成长，让有意犯错的人成为被惩处的极少数，坚持下去，人性从善就会成为企业的管理现实，企业文化也会逐步走向卓越。

## 九、打造精益中国学派的成功实践

丰田生产方式及精益管理的关键,不在于它的结果和方法论,而在于它的魂魄或基因——革新改善文化。

伴随着中国制造的发展壮大,我所带领的团队帮助千余家企业成功导入了精益管理,不仅极大地提升了这些企业的竞争力,还建立了中国人自己的精益管理体系。这套体系不仅具有经营思维上的引领作用,更有指导企业经营实践的实用价值。

### 1. 从科学管理到精益生产

100多年前诞生了泰勒的科学管理,其核心思想在于,假定有"标准人"存在,那么一切工作都可以标准化,并可以通过标准化提高工作效率。福特汽车的大批量生产方式就是泰勒思想的优秀实践案例。

1936年,丰田喜一郎不满足于家族的织布机生意,开始了汽车制造。他前往福特学习,发现基于科学管理的大批量生产方式有致命问题,期望丰田汽车不走福特的老路,提出了准时化(无库存快速交付)和"自働化"(通过防错、纠错机制不生产不良品)两大系统原则,并通过全员改善,不断消除浪费,追求高效率、低成本和优秀质量,最终成就了丰田生产方式TPS。

1973年中东石油危机爆发,在石油危机后的经济低速增长形势下,只有丰田汽车依然保持活力,它的利润比美国三大汽车和德国大众高出许多。为此,美国麻省理工学院的教授们前往丰田研究TPS,并提出了精益生产方式(Lean Production,简称LP)。从此,精益生产方式开始风靡全球。

TPS和LP传入中国之后,许多企业和专家学者试图照搬它们的方法论,却始终不得要领,即便是TPS创立者大野耐一亲自到长春一汽传授TPS,指导效果也不尽如人意,人们抱怨只学到了皮毛,认为精益只适合日本等地。许多专家学者也用这个观点为自己的无所作为开脱。

实际上,那时国内企业之所以没有学好TPS,主要原因在于人们只愿意模仿或照搬TPS的"形"(结果和方法论),而没有花功夫研究和学习TPS的"神"。TPS的"神"是什么呢?是魂魄或基因一样的东西,我们称之为革新改善文化。

**2. 国内管理者为何喜欢德鲁克**

过去40多年,西方管理思想和方法一波接一波地传入国内,国人不断接受新理念、新思想的洗礼,并尝试运用这些思想和方法提升管理水平,但真正能够落地生根、开花结果的并不多,只有德鲁克的目标管理留下了较深的印记。

国人之所以喜欢德鲁克,主要是因为下列原因。

一是感觉通俗易懂。德鲁克对目标管理进行了充分的抽象和简化,并用精练的语言把管理讲清楚了,让人感觉通俗易懂。比如，先有目标才有任务，而不是相反。又比如，没有目标会造成懒惰，没有目标的工作会成为空谈。还比如，决定战略优先顺序的条件有很多，但勇气一定比分析更重要……总之，德鲁克的思想体系里面，少有细致的逻辑演绎和推导，也很少讲解具体的工具和方法。

二是感觉简单易用。德鲁克的目标管理被专家学者简化为"定目标，做考核"，其弊大于利。原因是，这套"目标管理"方法让企业经营者一叶障目，误以为这就是经营管理的大部分或全部，以致于把企业经营管理中最根本的工作和任务疏忽了。企业经营者不再关注绩效经营（自上而下辅导下属达成目标）和绩效改善（激活团队自下而上参与改善）等过程管理，只对结果感兴趣。

我坚持认为，把管理学做成时尚或成功学都是错误的，必须摒弃。中国式目标管理（考核至上的绩效主义）必须得到纠正。

**3. 构建中国人自己的精益管理体系**

2000年，我们汇聚一群来自跨国企业的本土管理精英，开始了对精益生产方式的研究、探索和推广。为了让精益生产方式能够真正在中国企业落地生根、开花结果，我们做了大量的理念创新、工具开发和系统建设。

第一，我们重新定义了许多重要的、似是而非的管理思想，奠定了精益管理的理论基础。我们主张，绩效管理应该包括自上而下的绩效经营、自下而上的绩效改善和着眼于员工成长的绩效考核这三部分内容，其中绩效经营和绩效改善才是绩效管理工作的主体。我们重新定义了员工积极性这个具有普遍意义的关键词。员工积极性应该分两种，一种是劳动积极性，即员工投入体力和劳动时间的意愿和行动；另一种是工作积极性，即员工付出脑力和创新智慧的意愿和行动。精益成功的关键是激发员工的工作积极性。为了化解国人对精益生产的误解（**认为精益只是生产部门的事情**），我们坚持改称精益生产为"精益管理"，目的是告诉人们精益管理不仅包括精益制造，还包括精益营销、精益研发、精益供应链和精益经营等更广泛的内容。

第二，我们对精益管理的本质、目标、对象和运营机制等进行了科学总结、提炼和架构，形成了精益"造物育人"机制理论体系。精益管理的本质或精髓是"造物育人"，它是一场基于精益信仰的集体创新修炼，这场修炼以员工成长（*心智、意识和能力提升*）为导向，以革新既有管理系统、方法为目的，以"自働化"和准时化为原则，并通过采用人性化办法，促进员工广泛参与，实现企业、员工、客户和社会价值共赢。为了保障"造物育人"思想的有效落地，我们开发出了素养塑造、员工成长、氛围营造、员工微创新、现场上台阶、绩效大课题和利润经营这七大育人机制。这七大育人机制与企业造物系统相互作用，动态反应，不仅能够促进员工快速成长，而且可以获得丰厚的经营和管理效益。

第三，我们重新定义了企业软实力的核心内涵。企业软实力通常说的是企业文化。所谓企业文化通常包括三层：核心文化——指企业经营理念、价值观等内容，主体文化——员工的行为习惯等，表层文化——企业 VI 等外在表达的手段或方法。其中，主体文化建设是提升企业软实力的关键，是企业经营者最大的挑战。原因在于，一方面，要把经营理念、价值观及 VI 等要求内化为员工行动并形成习惯是十分困难的，多数企业的现实情况是，理念上一套，行动上却是另一套。另一方面，到底该建立什么样的企业文化尚存争议。有人倡导狼性文化，以为这样可以战无不胜；有人倡导圣贤文化，认为如此可以致良知。我们认为，狼性文化和圣贤文化都有致命缺陷，应该倡导精益革新文化。培养精益革新文化是指通过持续运营革新改善机制，不断唤起员工善意（良知）、激情和创新意愿，逐步培养员工精益求精和持续创新的思维和习惯的过程。

第四，我们还提出了"精益领导力心法""精益经营哲学十条""精益改善十原则"等精益哲学思想和精益造物育人机制理论。在此基础上，我们还在精益研发、精益生产、精益营销、精益供应链等造物系统的多个方面进行了大量研究和实践，成效显著，硕果累累。因此，我们已经形成了一套有哲学思想、系统架构、落地方法的，而且有大量成功案例支撑的精益管理体系。

这些哲学思想和管理体系，源于实践，高于实践，又能反过来指导实践，在企业改善、创新和升级管理方面正在发挥着越来越重要的指导作用。

## 十、如何保障客户价值最大化

丰田生产方式创始人大野耐一先生,早年曾信心百倍地到中国来推广他的丰田生产方式 TPS,做了很多努力,但最终没有成功。类似的事情也发生在世界 500 强企业 FS 深圳公司。FS 深圳公司有员工 8000 多人,如何激活团队并让员工积极参与精益改善,成了历任董事长和管理层的一块心病。他们想了很多办法,从日本请过多家顾问公司,还请过一家美国大牌咨询公司……却总是雷声大、雨点小,最后不了了之。

2006 年春天,FS 新任董事长稻垣先生来到深圳后,看到深圳公司暮气沉沉的样子,很不满意。他吸取了多次请国外咨询公司失败的教训,尝试找本土咨询公司试试。他很快就打听到,深圳理光的精益管理做得好,特别是在激活团队与全员参与方面很出色。他还听说,中方高管刘承元已经离开理光,开了一家叫作 3A 的咨询公司。于是,稻垣先生找到了我,并约好在酒店共进晚餐。参加晚餐会的有董事长稻垣先生、总经理半泽先生、制造部长、技术部长和我共 5 人，交流的焦点是如何激活中方团队，让数千名员工参与到精益改善活动中来？其实，这正是我和我的团队的"拿手好戏"。最后，我和稻垣先生口头约定了合作条件。

席间，我也大概了解了一下美国咨询公司和日本咨询公司是如何指导他们学精益、作改善的。其中，美国咨询公司擅长访谈与规划，来了之后阵势很大，颇有大牌风范，通过对各级员工进行访谈和分析，做出很多统计图表，并最终形成结论和方案。参与的专家顾问以管理科班出身的年轻人为主，PPT 很好，但在方案落地方面乏善可陈。

和美国公司比起来，日本咨询公司大不一样，专家顾问以中老年人为主，经验丰富，职业精神上乘，很务实。日本专家每次来到深圳公司之后都会带上秒表、摄像机等各种道具，身边跟着几个翻译或助理，到现场找问题，测定生产线浪费，然后安排甚至强制让管理者或员工作改善，旨在提高生产线效率。一切看似正常，而且确实能够解决问题，但是这种点对点的辅导，即便可以收到改善效果，也无法应对 8000 多名员工的大场面，影响力是十分有限的。更尖锐的问题在于，这样的专家辅导并不受管理者或员工待见，因为自己总是被外人指指点点，一定会有被冒犯的感觉，感情上难以接受。但迫于公司高层压力，管理者或员工看似顺从，其实内心并不服气，所以促进员工主动参与精益改善注定成为不可能完成的任务，激活团队成了企业领导的一厢情愿。

3A 的专家顾问进入 FS 深圳公司之后，秉持"造物育人"的思想并通过设计顺应人性的牵引和约束机制，创造不得不做的环境、氛围和条件，最大限度地促进管理者和员工广泛参与，收到了很好的效果。经过数年的咨询辅导，FS 深圳公司的面貌焕然一新，效率得到大幅度提升。特别令人欣慰的是，8000多名员工参与精益改善的积极性被点燃，形成了良好的改善氛围和改善文化。自此，本土化咨询公司的落地辅导模式深得稻垣先生赞赏。在接受3A辅导后的数年里，FS深圳公司每年都会派优秀改善代表参加集团总部在东京召开的改善发表大会，而且多次获得大奖。人们一定想知道，我们是怎样做到的。

我以生产线效率提升为样本按步骤进行解说。第一步，我们会选取一条或数条有代表性的生产线，成立由骨干员工参与的改善小组。第二步，指导改善小组制作一份现场员工听得懂的简易培训教材，并通过现场录像或图片等形式，对生产线全员进行讲解培训，教会员工识别工序中可能存在的各种浪费或问题。第三步，让生产线的所有员工使用标准的"作业票"，把自己的作业步骤和内容写下来以识别自工序存在的浪费或问题。第四步，把员工浪费和问题汇总后，制订改善实施计划，并引导员工对自工序的问题进行改善，让专家顾问手把手对改善过程进行辅导。第五步，指导员工按统一的微创新提案表格式，逐条把改善方法和成果写出来。第六步，对所有微创新提案者进行奖励，并让其中的佼佼者站上讲台进行成果发表，接受企业最高领导的检阅和团队的喝彩。第七步，总结改善思路和改善方法，在其他生产线进行推广改善。

这是一个皆大欢喜的改善循环，不仅提升了效率，最大的价值还在于，让全体员工参与到自主解决问题的过程中来，不仅激活了团队，还能够提升员工的意识和能力。如此这般持续运营改善活动的话，就能够培养出生生不息的精益改善文化。

这仅仅是一个例子，不同的企业可能需要采取某些不同的方式方法。但有一点是相通的，那就是精益管理一定不能忘记造物育人的道理，应想方设法引导员工参与其中，体验改善过程，同时收获改善成果和个人成长。FS深圳公司的领导层对3A团队的辅导方法心悦诚服，合作一直延续了多年。

我们和美国、日本咨询公司的同台竞技还发生在其他客户身上。某北方钢铁企业同时请到美国某大牌咨询公司和3A公司，分别主导不同分厂的精益改善。半年之后，这家企业终止了与美国公司的合作，而与3A公司的合作延续至今。再如，某淀粉加工企业被某世界著名咨询公司的员工形象所打动，因为这家公司的顾问们总是西装革履，谈吐优雅，都是出自国内"985"或"211"高校的高才生，吃住在五星级酒店，往返交通等不要客户掏一分钱……于是该企业心动了，签下了合作协议。这些顾问花了数月时间进行大量访谈、调研、分析后，做成了一份厚厚的咨询报告，但在落地阶段，他们就熄火了，还抱怨客户团队执行力太差。为此，该企业老板急了，最后找到3A公司。3A专家去了之后，很快就找到了几大问题背后的深层原因，并从几条主线出发，动员员工参与改善，既达到了效果，又培养了人才。后来，这家淀粉企业中止了和美国那家大牌咨询公司的合作，进而选择和3A团队合作数年。

作为咨询公司，在实现客户价值最大化方面，我们有着十分清醒的认识和务实有效的做法，其核心思想就是尊重人性、激发善意和创造力。这样的精益思想和工作方法非常有效，值得所有企业管理者借鉴和学习。

# Chapter 2 精益管理中的精益思维

## 一、超越对手，需要三个精益战略思维

我们做过一个调查，许多企业把"经营压力大，经营利润不能保障"作为企业当前的最大课题。大家认为主要原因是竞争导致售价不断被压低；工资水平上涨过快；原材料或其他资源涨价……

这些也许都是事实。在管理实践中，人们经常把关注的目光聚焦在这三项因素上，期望通过和客户、员工、供应商进行价格博弈获得较好收益。此等思维称得上是"低买高卖"的生意人思维，本无可厚非。但我要提醒大家注意的是，这三项因素通常是由大环境决定的，对所有企业来说大致是公平的。

第一，同样的产品，其售价终究是由市场或买家决定的，自己说了不算。要想提升售价，就必须在品牌、质量或服务等方面付出更多的努力，实现差异化。

第二，员工的工资上涨过快，却没有留意到现如今招不到人是现实，可见自己说了也不算。

第三，即使你善于跟供应商博弈，期望压低进货价，但当你

毫无节制地压价的时候，供应商可能有两种选择，要么诚恳地告诉你这个价格做不了，要么接受低价后偷工减料。

企业很难通过以上三项因素持续获得相较于对手的竞争优势。或者说生意人思维可能会获得短期收益，但注定走不远。企业要想基业长青，就必须学习、领会和运用以下三个精益思维。

**1. 关注变动成本，更要关注固定成本和隐性成本**

材料成本和劳务费属于变动成本的范畴，应该受到关注，但固定成本和隐性成本长期被忽视，弱化了企业的竞争力，这才是大问题。什么叫固定成本？就是那些不管是否有生产或产出都要付出的成本。企业为什么要建那么庞大的厂房？为什么买那么多的装备？

降低固定成本，就是要用最少的厂房和设备（当然不是最差的设备）把产品生产出来。

什么叫隐性成本？就是大量浪费于无形的成本，在财务上通常被打包处理，比如生产成本、管理成本里就有许多这样不明不白的浪费。可怕的是，人们对这些成本习以为常、无动于衷，而且任何人不需要承担责任。我们看到许多工厂从早到晚一幅繁忙的景象，到处堆满了货物，但就是不能如期交付，隐性成本很高。工厂内的库存及内部无价值的流转等，都是造成隐性成本的元凶。

最近，我们的顾问进入一家企业做辅导，及时截停了一份300个流转箱的购买申请。客户之所以考虑购买这300个流转箱，原因是车间中间库存零部件多，没有地方摆放。购买300个流转箱多花费数十万元不可怕，可怕的是又会固化一笔高额的固定成本（库存金额利息等），以及由此带来的隐性成本（储存、搬运和不良风险等）。不到半年的时间，我们通过布局与计划调度等改善措施，加快流转，中间库存减少了60%以上，车间里竟然还多出百余个流转箱。可喜的是，客户的准时交付率得到突破性改善。该改善可以为这家企业每年多产生数百万元的利润。

### 2. 关注资源价格，更要关注资源效率

我经常会提醒客户企业领导，与其抱怨外部环境不断恶化，还不如内求，即把关注的焦点放在内部管理上。如何聚焦内部管理呢？有一个很好的方法，即关注各类资源的产出率。过去企业粗放发展，只知道销售额，只知道材料价格、工资上涨，对资源效率采取了放任的态度。所以，当我问到每平方米厂房的产出是多少，每个员工的产出是多少，每一度电、每一吨水、每一立方气的产出又是多少的时候，绝大多数管理者错愕不已，因为压根儿就没有这些数据，他们也没有想过这些问题。

如果有一天，中国企业能够通过精益管理把资源效率提高3倍、5倍甚至更高的时候，才是中国制造之福，才是中国劳动者之福（待遇增长可持续）。

从这个角度审视中国制造企业，我们发现还有许多待挖掘的"金矿"。企业要把企业内的精英组织起来，聚焦品质、效率和交付，全面开展以提升资源效率为目标的精益课题改善活动，快速提升企业的经营管理水平；与此同时，向全体员工灌输强烈的品质意识、成本意识和效率意识，引导全体员工从身边能做的改善做起，力所能及和富有创意地参与效率改善。

### 3. 关注节流降本，更要关注开源增效

由于竞争的缘故，当企业规模保持不变，利润额是很难保障的，因为资源（包括人工）涨价、产品降价，利润空间势必受挤压。所以，制造业要想保持一定水平的利润，就必须着力做大规模来摊薄固定成本。如果企业不懂得这个道理，以为精益就只是节流降本一条路，就大错特错了。

有一个小企业的销售额做到五六千万元之后就徘徊不前。早年经营环境好的时候，最好的年份该企业可以赚取近千万元的利润，随着竞争日益加剧，近年来利润急剧下降，很快就会陷入亏损的泥潭，CEO 心急如焚。

为了挽救颓势，CEO 要求财务部对客户订单进行一次核价。核价的结果是，不少产品的售价比财务核出的基准价（**材料成本 + 固定成本 + 变动成本 + 利润**）低出不少。于是，财务部和 CEO 如梦初醒，心想难怪公司的利润越来越少，原来一直在做亏本生意，随即发出指令：一是要求销售部门不接低于基准价的订单；二是要求所有管理者勤俭节约，降低成本。

看似正确的两个要求，其实犯了一个重大的战略错误——小企业开源比节流重要。结果，一段时间之后销售规模陷入停滞，因为固定成本和变动成本逐年上涨，财务部核出的基准价也会水涨船高，更多的订单被拒之门外，销售随后出现萎缩的局面，又因为规模萎缩，分摊固定成本更高……如此反复，这家企业的经营已经走入死胡同，前途堪忧。

幸运的是，因为我们的及时介入，很快纠正了 CEO 的错误思维和做法。正确的思维是，假如现有 6000 万元的销售额即可消化所有的固定成本，那么 6000 万元以上部分的销售额就不再需要分摊固定费用，所谓的基准价是不存在的。后来，该企业干脆取消财务部的基准价，以较低的价格从离开的客户那里拿回了不少大订单，次年销售额大幅度提升的同时，利润也随之产生。这点值得中小企业 CEO 深思：要积极改变自己的传统思维，千万不要陷入降本、收缩、再降本、再收缩的恶性循环。

在经营活动中，以上三个精益战略思维值得所有企业经营者认真学习和积极实践。

## 二、企业为什么需要善用精神的力量

企业经营不仅要借助装备、工具和金钱等物质的力量，还要借助哲学和道德等精神的力量，而且精神的力量可以更长久地影响企业的健康发展。越是优秀的企业，越善于运用精神的力量，反之亦然。培育精神力量的核心手法是定义和实践企业的经营方针。

所谓经营方针，是指企业在经营活动中对围绕企业经营活动所发生的各种关系的认识和态度的总和，是指导和规范企业生产经营活动的重要思想观念。

为什么企业需要经营方针呢？我认为，至少可以从以下四个方面进行解读。

### 1. 明示理念目标的需要

为了向企业内、外部传递企业的经营意志，激发员工工作积极性，有必要就企业经营理念及企业追求的愿景目标进行阐述。所谓企业经营理念，是指企业除了赚钱以外的存在价值或目的的语言表达。有的企业家说，创办和经营企业是为了改变世界；也有的企业家说，创办和经营企业是为了报效国家；还有的企业家说，创办和经营企业是为了服务社会，追求员工幸福，不一而足。当然，这些美好的理念也许不是创业时就有的，而是在经营过程中逐步思考沉淀的结果。

企业愿景目标是指企业家对企业长远的，甚至是终极目标的描述，是企业家到底希望做一家什么样的企业的意志表达。企业愿景目标可大可小、可高可低，有人把企业规模或行业地位作为追求目标，也有人把产品或服务质量作为追求目标，还有人把管理和品格的高度作为追求目标。某企业提出"做最受尊敬的行业领导者"，就是一个不错的愿景目标的例子。

定义好的经营理念和愿景目标，有利于企业凝心聚力，是企业家重要的工作之一。遗憾的是，许多企业家对这项工作不热心、不重视，原因在于他们看不到经营理念和愿景目标对于引领员工的重要意义。

**2. 规范经营行为的需要**

一般来说，企业经营行为必须受法律和道德的约束，但是因为法律和道德有着十分丰富的内容，人们不可能面面俱到。为了更好地指导和约束员工的行为，企业还需要以价值观等形式予以强调。经营企业无论如何都必须有全体员工共同遵守的规范、规则或其他遵守事项，具体包括价值观和行为准则等内容。我所在的公司以"诚信、务实、创新、共赢"为价值观，分别对"做人原则、做事风格、职业责任和事业追求"四个方面提出了要求。

在许多企业里，或者没有具体的定义，或者定义了但没有落到实处。许多企业，特别是一些大企业也发生了各类丑闻，都是因为企业没有强有力的价值观念约束，或者企业上下不能自觉遵守价值观念的缘故。美国安然公司财务造假、日本三菱公司油耗数据造假、国内三鹿奶粉事件等都是反面教材，他们都因为突破最基本的法律或道德底线，或蒙受巨大的损失，或倒闭关门。

企业家一定要相信"因果法则"，用正确的价值观念约束自己、要求员工，力争做遵纪守法、诚实守信的企业公民。

### 3. 提升管理效率的需要

在企业经营活动中，员工随时可能碰到新问题，遇到新情况，需要快速地做出判断并进行应对。如果没有价值观或行为准则的指引，就有可能发生两种情况：一种是大家各行其是，凭各自的经验或感觉做事，可能会错误百出；另一种是事无巨细地向领导请示汇报，管理效率低下，还可能错失处理问题的最佳时机。

企业遇到客户投诉的时候，如果没有价值观和行为准则支持，员工就有可能在应对态度上出现偏差，甚至出现不正确的想法和做法。比如三星 Note7 事件，其应对态度和处理手法是有重大失误的，特别是在中国市场上一再犯错，损失惨重，说明其价值观的学习或实践还不到位。优秀如三星这样的大企业都会犯错，其他企业更需要在价值观定义、宣导和实践上加倍努力。

当然，你也许会说，许多企业都是在没有经营方针的指引下做大的。但是，我要说，过去确实有许多做大的企业案例存在，但是在企业的竞争越来越白热化的当下，经营方针绝不是可有可无的摆设，它会显现出更重要的价值。

### 4. 建设企业文化的需要

企业文化是企业竞争力的重要组成部分，它既可以赋予一个企业不同的品格，还可以起到凝聚团队、激发员工的作用。企业文化通常由三个部分组成：一是核心价值理念，也就是企业经营方针；二是员工的行为习惯和行动智慧，也就是员工长期养成的做人和做事的习惯；三是各类外在的可视化文化符号。其实，这三个部分不应该是割裂存在的，而是相互联系和相互作用的有机整体。如果一个企业能够用优秀的经营方针约束、影响员工，让员工养成良好习惯，并积极付出行动和贡献智慧，那么我们说这个企业就拥有了优秀的企业文化。

可见，好的经营方针可以为企业文化建设创造条件，为升华企业文化提供可能。

除了经营理念、愿景目标、价值观及行为准则等，企业的经营方针还可以以"企业×××"的形式对诸如"企业与员工、企业与客户、企业与社会、企业与对手、企业与供应商"等关系进行论述，以便更好地统一员工思想，规范员工行为，提高工作效率，持续升华企业文化的格调和内涵。

## 三、不得不学的三大精益管理思想

**1. 与短期绩效相比，员工成长更重要**

精益崇尚"以人为本"的思想，强调"对人的尊重""重视人的作用"及"追求自主管理"，具有典型的东方色彩。东方的"以人为本"和西方的"以人为本"既有共性也有差异。共性在于两者都强调对人的尊重，差异在于西方"以人为本"的重点是员工权利的主张，以及自由环境和氛围的保障；而东方的"以人为本"主要表现在注重员工个人的成长，即员工意识和能力的提升，并把企业的竞争力与每个员工的意识能力提升联系起来。我们说企业最大的浪费是员工智慧的浪费，讲的就是这个道理。

真正优秀的制造型企业主张把员工成长放在第一位，而把追求短期绩效提升放在相对次要的位置上。在具体的管理实践中，他们对那种基于"精准数字"的绩效考核和奖惩制度不以为然，而把绩效考核的重点放在向员工提示改善方向上，促进员工努力向上。部分企业曾经对"绩效考核"比较热衷，并热切期望通过考核快速提升管理绩效，主要原因在于这种"美式管理"看上去见效快，简单易行，管理者感觉轻松。而以员工意识能力提升为中心的员工成长战略和人力资源开发，比单纯以绩效考核为中心的管理模式困难得多，它要求企业管理者有尊重人、关怀人的博大胸怀，有企业上下是一个共同体的认知和境界，以及"传道、授业、解惑"的素养和能力。企业还要为员工"意识和能力"不断提升创造良好的组织条件（晋级制度）和施展舞台（各类改善成果发表机制），引导他们自主学习、自发行动和自我超越。

企业帮助员工成长主要应该从三个方面着手：一是通过"教育"升级员工的态度、人格和心智；二是通过"培训"丰富员工的知识、工具和方法；三是通过"训练"增进员工的经验、意识和能力。而引导员工积极参与精益改善，可以同时收获教育、培训和训练的多重价值，是帮助员工成长的最佳路径。

应该说，帮助员工成长是一个艰难和循序渐进的过程，需要企业管理者有足够的耐心。但只要制造型企业间的竞争存在，中国企业就不能摆脱这种艰难和缓慢。

**2. 与事后管理相比，预防管理更有效**

预防哲学是精益管理的核心理念之一，再有效的事后管理都比不上事前的预防管理。

为了说明预防管理的重要性，人们常常喜欢引用扁鹊三兄弟的故事来警示管理者。相传扁鹊三兄弟都精通医术，其中，大哥医术最高，二哥次之，扁鹊第三，而偏偏扁鹊最出名，原因是大哥治病总是以预防为主，也就是"治未病"，人们很少在意他的功劳；二哥是治小病的高手，但人们认为治小病是医生的本分，没什么了不起；只有扁鹊敢治大病，时有手到病除的佳绩，所以名声在外。

尽管企业懂得预防管理的重要性，但在具体行动上却很容易走偏，甚至背道而驰，不仅执念于或忙于事后管理，而且对企业内的"扁鹊"大加赞赏，而对"扁鹊"的"大哥"和"二哥"不屑一顾。这样做的后果是严重的，人们习惯于花时间应付层出不穷的问题，优秀者在"灭火大赛"中脱颖而出，而防微杜渐的事情却少有人关注，更没有人潜心研究。在我们辅导客户做精益的时候，不少企业领导就认为花钱请老师就是来解决大问题的，动员员工解决小问题意义不大，这样的认知水平是缺乏哲学思辨能力的表现。

预防管理，需要从两个方向上予以正确理解。

一方面，越是在发生问题的源头进行管理或改善，失败成本越小，管理效果越好。比如产品质量问题，在市场上被客户投诉所造成的质量损失最惨重，在产品出货或生产过程中发现问题质量损失会小一些，在原材料供应商处发现问题质量损失会更小，如果能在设计环节采取有效对策（**防错设计**），就根本不会产生不良损失。订单交付问题也是如此，越是临近订单交付的后期发现问题，补救起来越难，造成的损失也越大。

另一方面，小问题解决或改善得越多，越是能防范大问题的发生。有一个著名的"海恩法则"：300 个小问题不及时解决，会成长出 29 个事故隐患，29 个事故隐患不及时消除，终究会发生一次大的事故。意思是大问题通常是由小问题累积而成的，正确的认识应该是，用一杯水可以浇灭的火苗要及时浇灭，绝不能任其发展到只有用消防车才能扑灭的程度。比如设备停机故障的发生都不是偶然的，是诸如震动、锈蚀、发热、松弛、灰尘等微小缺陷不断累积而成的，要消除设备停机故障，唯有从消除各类微小缺陷开始。安全管理也是如此，细节不做好，安全隐患不除，很难保证不出大的安全事故。

精益管理主张全员参与，目的就在于发动全体员工从解决身边的小问题、消除身边的小缺陷开始做起，预防为主，持续改善，并最终达成不断提升企业管理水平的宏大目标。

**3. 与显性之恶相比，库存的隐性之恶更"恶"**

对企业经营来说，库存是万恶之源，可以从显性和隐性两个层次进行理解。

（1）库存的显性之恶。

一是库存不能给企业带来利润。如果库存商品不能销售出去，就不能给企业带来销售收入，不能产生企业运转必要的现金流，更不能为企业带来利润……

二是库存存在贬损或丢失的潜在风险。库存的商品，不仅因为市场变化及设计变更等存在贬值的可能性，还可能因为管理的失误等，存在损坏或遗失的可能性。可见，库存会给企业带来很大的经营风险。

三是库存消耗了企业的经营资源，特别是如血液般重要的现金流。库存占用了仓储空间、存储货架；库存增加了仓储员工的劳动，增加了大量的搬运成本；库存耗用了企业的资金，使企业的大量现金固化在库存产品上。

四是库存使企业失去了投资及发展的机会。由于库存产品占用了企业的仓库、空间、资金、劳力等资源，如果没有库存，企业可以把这些资源用在其他方面，为企业创造更好的收益。

（2）库存的隐性之恶。

一是库存让管理变得复杂。因为库存的存在，除了增加保管及搬运的工作量外，还会使库存数据的管理变得复杂，增加工作量和工作难度；因为库存的存在，也会给采购、生产计划及调度工作增加难度；因为库存的存在，还会增加解决问题时原因分析的难度。

二是库存的存在，会助长相关部门的工作惰性，失去紧迫感，进而全面消损企业内各系统的快速反应能力。遇到供应商交货拖延，采购部门会认为问题不大，仓库里应该还有库存；遇到设备或产线停机停线，设备管理部门可能不慌不忙，他们知道通道上有很多库存可以应急；遇到工艺出了问题，技术部门也可以慢条斯理，因为他们清楚，有不少中间库存可以缓冲；遇到生产不能及时完成计划，生产部门会以为问题不大，应该还有库存。这种库存的缓冲作用甚至可以影响到人事等间接部门的工作态度。总之，因为库存的存在，人们总以为有一个救命稻草，工作起来"从容不迫"，没有紧迫感。因为库存的掩护作用，交货延迟、停机停线、工艺不良及计划拖延等问题都可以在水面下潜伏。即便问题被领导发现，也因为原因分析难度大，说不清楚是谁的责任而不了了之。

假定通过缩短生产和改善的工作周期，达成减少各环节库存的目标之后，情况又会怎样呢？显而易见，各相关部门知道，因为没有或少有库存的缓冲，如果自身工作节奏跟不上，就会造成全局性的影响，责任重大，务必时刻保持警觉，训练自己的快速反应能力。

我们常常看到的情况是，库存多的企业反而常常延迟客户订单交付；而通过缩短生产和改善的工作周期，实现各环节库存减少之后的企业，客户订单交付通常做得更好。

## 四、改善中的"富人理论"

如果让工厂的现场变得"贫穷",那么这种"贫穷"通常会一直持续下去。若想让"贫穷"的现场从这种循环中解脱出来,就要让它拥有富余的资源(*主要是人力*),让它暂时成为"富人",这和人们日常生活中的道理是一样的。下面将用实例来说明改善中的"富人理论",了解和学习这个理论,对企业提升管理颇有意义。

### 1. 在许多工厂,现场十分"贫穷"

一些工厂现场的管理者常常抱怨,"因为疲于应对每天的工作和现场随时发生的问题,根本没时间进行改善""工作太忙,没有时间做5S"。对这类抱怨,如果不加研究,就可能得出对方是在找借口的结论。但如果用心观察,就可能发现这是许多工厂存在的现实。

他们的"贫穷"通常表现在以下几个方面。

①必须完成的任务通常是硬性的,比如每天的生产数量。

②不掌控企业的资源，没有选择和支配公司资源的权力。

③得不到企业高层或其他部门足够的服务和支持。

越是现场部门越是"贫穷"。工厂的现场部门主要指生产制造部门和物流部门，有时候也包括销售部门及设计部门等。与现场部门对应的是间接部门，如人力资源、财务、总务等部门。

一方面，越是现场部门，其对企业资源的控制越少，而许多间接部门又往往掌控着企业的经营资源（人、财、物等），如财务部拥有金钱的控制职能，人力资源部拥有人力资源的掌控职能。如果间接部门的管理者和员工错误地把部门掌控资源的职能理解为权力的时候，不难想象，这些部门可能高高在上，而"贫穷"的现场部门要看他们的脸色行事，处处受制于间接部门的监督和管理。

另一方面，工厂管理的问题又集中发生在现场部门，现场部门的管理者往往忙于应对不断出现的问题，显得处处被动，还要接受每月一次的"严格考核"。

在这种不公平境遇的压迫下，现场部门很容易落入"现场出问题→忙于应对→人手不足→没有时间改善→问题越来越多→工作越来越忙"的恶性循环，以致于越来越"贫穷"。

有一家规模不小的企业，CEO拥有良好的客户关系，生意越做越大，可是生产部经理却换了一个又一个，没有一个经理能够做满一年。他们或者承受不了压力离开，或者达不到CEO的期望被要求离开。我问这位CEO为什么？回答是，这些经理或者承受力太差，或者能力不足，至今没有一位合适。经了解，我们宁愿相信现任生产经理的说法：在这家企业做生产部经理不容易，部门产能严重不足，每天加班3个多小时，从来没人帮忙，而且那些有权的部门还处处为难他,他做得很累。在我看来,这家企业的生产部门已经成了名副其实的"穷人"。

这样的情况,在制造型企业,特别是民营企业里普遍存在。

**2. 改善中的"富人理论"**

一般来说,如果没有外力帮助,穷人会越来越穷,富人会越来越富。那么,要让穷人成为富人,最快捷的方法是让贫穷的人暂时成为"有钱人"。把这个理论运用于现场管理,情况又会怎样呢?

专家选中一条80人的生产线作为试点。这条生产线正好要组装新产品,随着员工对工作的不断熟悉,生产一台产品的速度在不断加快,生产线通常可以提前完成当天的生产任务。任务完成之后,专家要求生产线主管带领员工利用剩余时间进行改善。

这样做的效果非常明显,每天作业结束的时间在不断提前。两个月之后,生产任务提前2小时就完成了,按8小时算相当于富余了25%(20人)的产能。慢慢地,员工们喜欢在工作之余思考,改善成了他们工作的一部分。

实验结果表明,这种做法比起不断对生产线加压更能激起员工改善的欲望。因为这种成果可以作为生产线的效益以剩余时间的形式留存下来,在"利益"的驱动下,员工可以不断地想方设法积攒自己的宝贵财富(时间)。

当然,若提前2小时就能完成任务,适当增加工作量或减员也是顺理成章的事情。专家要求生产部经理把这条生产线富余出来的20人中的10人转给其他需要人的生产线,留下10人作为部门富余以便进行进一步的改善。这就是"富人理论"的做法。

我们的客户之一——富士施乐公司就采用了这种积极的做法，即在新产品生产的第一阶段只给生产线加95%左右的负荷，因为有了5%的富余，即使有时出现人员变动、机械故障或原材料延迟等情况，也能够轻松化解，不会造成大的混乱。同时，公司要求现场利用5%的富余时间进行改善，以便获得更多的富余时间；等到富余时间增加到15%的时候可以一次性压缩其中的10%，留出5%的时间进行改善。

这就像一个人拥有富余财富，他就可以通过这些钱来创造更多的财富，而且利润会不断增加，我们把这个过程称为"富人循环"。

在顾问实践中，我们看到许多企业采用了截然不同的做法。

某电子产品生产企业受市场降价压力的影响，已经形成了一个习惯，那就是"压迫"生产线超负荷运行，对生产线施以100%、120%甚至更高的负荷，同时约定如果超产将给予奖励（*美其名曰激励奖金*）。在这种情况下，负荷与能力之间会很容易失去平衡。

一旦出现人员变动、机械故障或原材料延迟等情况时，生产线就会出现混乱或超负荷运转。企业为了控制这种局面，又要提出更多的对策，如长时间加班（*需要付出加班费*）等，从而造成更多的浪费。

一开始便对生产线施加100%或更高负荷的做法消灭了可供使用的改善时间，会因此付出更多的代价，比如加班时需要支付加班费，超产时需要支付奖金，品质出问题了需要支付赔偿，这样做使得管理水平在低水平徘徊，无法积累管理经验，我们把这个循环称为"穷人循环"。

以上两种做法孰是孰非，本来是一目了然的事情，但是现实中又有多少管理者能认识到这个问题呢？

### 3. 实现"富人循环"的条件

要真正实现现场管理的"富人循环"并不是一件容易的事情，需要具备以下三大条件。

第一，企业领导要有正确的认识，用自己的权威"榨干"现场部门是不明智的。当你看到现场部门的管理者很无奈、无精打采，或者自暴自弃的时候，就要研究一下是不是自己的管理出了问题。

要想改变这种状况，企业高层领导必须接受生产线拥有一定富余的现实。当然，要 CEO 或经营者接受这样一个现实是相当不容易的，而且是一件十分痛苦的事情。在我们提供顾问服务的客户里，就有人提出过类似的疑问："请顾问本来就是为了降低成本，你们还提出要增加改善人员，那不是矛盾了吗？"每当这个时候，我们只能苦心婆口地告诉他，今天追加改善人员，是为了未来获得更大的收益。

第二，现场必须拥有进行改善或学习改善方法的富余时间。现场管理者必须懂得一个道理：富余的时间不能在"无为"（聊天、发呆或其他无所事事的状态）中度过，必须进行改善或学习改善的方法。我们经常看到员工无所事事的现象，于是问经理或主管这是怎么回事儿？他会告诉我们："今天的生产任务已经完成了，所以员工等着下班。"意思是说，只要完成当天的生产任务，就万事大吉了，这是十分错误的认识。我们的管理者应该清醒地认识到，员工在工作时间内通常只应该有三种状态：第一种是紧张有序地工作；第二种是为工作做准备，如5S、设备点检等；第三种就是进行工作改善及为改善所进行的学习活动。

第三，员工不因改善而失去自己的工作。一个正常经营和成长的企业，不应该因改善提高了效率就轻易地做出裁员的决定，这是一个关乎人力资源战略的重要问题。许多CEO错误地认为企业和员工之间就是简单的雇佣关系，不需要员工的时候可以轻易解雇，需要的时候却火急火燎地去招聘。我一直告诉企业的管理者，当做出裁员决定的时候，仅仅考虑那些被解雇对象的感受是远远不够的，更重要的是要关注留下来的员工的感受。当一个员工认为改善之后自己将面临裁员风险的时候，是提不起改善的兴趣的。

## 五、教你一种全新的盈利能力分析法

众所周知，企业经营利润来源于两个方面，即开源（*增加收入*）和节流（*减少支出*）。为了持续提升企业的盈利能力，必须从开源和节流两个方向上下功夫、作改进。因为很少有人对开源和节流进行科学简洁的定义，以致于人们在谈论开源和节流的时候振振有词，但最终都不能落地为具体的行动。

一般谈到开源节流，人们会理解为增加销售收入和降低成本，认为主要责任在销售部门和生产部门。事实上，这种认知是十分片面的，以致于其他部门很难看清自身在提升企业经营利润方面的作用，浪费大量开源节流和提升经营利润的机会。

在传统财务核算规范中，人们对利润和成本进行了各种各样的定义，如毛利润、净利润、税前或税后利润、材料成本、加工成本、固定成本、变动成本、销售费用、管理费用等。如此定义的结果是，财务以外的经营管理者对成本和利润缺乏直观的认知，损害了他们参与旨在提升企业经营利润的改善活动的积极性。

为了革新管理者和员工的意识，便于他们认知利润的来源及自身的责任，推动全流程、全员参与的创新经营和精益改善活动，我强烈建议使用一种我们独创的盈利能力分析方法，对构成利润（利润＝源利润－外成本）的各个要素进行更直观和简洁的定义和阐释。

**1. 源利润与开源改善**

我们把销售收入减去设计外购材料成本的差额叫作源利润。所谓开源，就是提升源利润。其中，设计外购材料成本是可以内化到产品里的成本，也可以称为内成本。源利润的计算公式如下。

源利润 ＝ 销售收入 － 设计外购材料成本 ＝ $\Sigma$ 销量 × 售价 － $\Sigma$ 材料用量 × 材料采购价格

从以上公式可以看出，开源可以从"增加销量、提高售价、减少材料用量和降低材料采购价格"四个方面着手进行改进。引入源利润的概念，有利于让研发、销售、生产、品牌和采购等各有关部门看清本部门在开源管理和提升经营利润中的价值和意义，并循着源利润增长的方向进行创新和改善。不仅如此，企业还可以按销售产品类别、客户类别、采购产品类别和供应商类别深度分析影响源利润各个要素的细节，获得开源改善更有效的方法或手段。

通过计算［（1－额定材料成本／销售收入）×100%］，可以得出一个企业在经营过程中的经营幸福指数。百分比越高，说明企业获得利润越简单，经营幸福指数越高。反之，企业获得利润越难，经营幸福指数就越低。

**2. 外成本与节流改善**

外成本是内成本之外的成本，也就是设计外购材料成本以外所有成本的总和，包括劳务费用、能源消耗、管理费用、折旧费用、财务费用及各类失败成本等大量内容。所谓节流，就是降低除战略性支出以外所有外成本的管理改善活动。由于外成本包括的内容广泛，几乎涉及企业的所有部门，所以节流改善有赖于全员参与。

为了评价节流改善的效果，通常可以采用"费用率"进行评价。比如用劳务费率（**劳务费率＝劳务费金额/销售额×100%**）来衡量生产和管理效率水平，效率改善的目标是在保障员工收入增长的同时降低劳务费率或将其控制在较低水平；用单位产值能耗（**单位产值能耗＝能耗金额/销售额×100%**）来评价能源使用效率水平，能耗改善的目标是持续降低能耗水平。

总之，企业要保障经营利润不会受到费用增长的挤压，有必要把有关人员组织起来进行课题改善，持续降低各项费用率水平。

**3. 战略性支出保障**

为了保障企业可持续发展，在节流改善（*降低外成本*）过程中，要极力避免杀鸡取卵式的短期行为，即需要通过预算的方式，对诸如研发投入、设备投资、营销及品牌建设、员工福利和员工培养等战略性支出进行重点保障。比如为了促进员工成长，需要基于"年度教育训练计划"来安排和使用费用；为了展开营销和品牌建设活动，需要基于"年度营销和品牌建设计划"来安排和使用费用。

但也要明确，花钱本身不能成为目标，要基于战略项目或具体任务对费用进行预算和使用监控，提高费用使用效率。在决定和实施战略性支出的过程中，有必要进行投入产出分析，尽量做到少花钱、多办事。

## 六、只要心到，精益改善无处不在

　　我最近参加一次客户组织的"精益改善之旅"活动，所到之处都能看到员工富有创意的改善案例，令人目不暇接、流连忘返。两个小时的参观活动结束后，客户公司的 CEO 感叹："我们用尽各种办法调动员工积极性，终不得要领，而你们的专家顾问却能够四两拨千斤，招招见效，是何缘故？"我告诉他："调动员工积极性的关键在于视管理中的问题为改善机会，把员工的'用心'引向这个机会，并让他们'动脑动手'解决问题。如果企业领导能够由衷地欣赏员工的改善行动和改善成果，员工的参与热情就可以被很好地激发。"为了理解"只要心到，精益改善无处不在"的道理，下面我讲述几个关于洗手间的精益事例。

　　洗手间是公共场所，它所反映出来的各种管理问题颇具代表性。了解洗手间管理中的各种精益改善之后，对启发管理者精益改善思维具有重要意义。

**1. 洗手间灯没人关怎么办**

因为是公共场所，所以洗手间往往很难做到人走灯灭。怎么办？有人想到了在门口贴上"人走灯灭"或"节约用电，随手关灯"等告示语，但基本没有管理效果；又有人想到，可否对不关灯者予以处罚，但要抓住违规者很难，处罚制度注定成为摆设；最后有人想到，在洗手间内装上声控延时开关，问题就解决了。在此基础上，某企业还在每个蹲位前面贴着一张温馨提示，内容是"灯灭请拍拍手；每次开灯持续3分钟，在洗手间停留6分钟以上将不利于身体健康"。

**2. 水龙头不关怎么办**

这个问题该怎么解决呢？人们首先想到的是，在水龙头附近贴上"请节约用水"或"节约用水，人人有责"等告示语，管理效果不佳；有人想到采用抓住违反者进行处罚的办法，但也不容易；最后有人想到，把水龙头改成感应开关，这样一来问题就解决了，采用机械式延时开关也同样有效，按下开关出水3秒~5秒后自动复位关水。为了进一步减少水资源浪费。有一次我在某展会上发现了一个更好的改善——除了自动感应开关，还采用了高压喷射出水（雾状水珠）方式，可以极大地减少每次洗手的耗水量。

**3. 小便池前面滴漏怎么办**

为了解决问题，最常见的做法是在墙壁上挂上诸如"向前一小步，文明一大步"的标识牌，这样做也许有用，但实际效果存疑。有这样一个改善，却可以很好地解决问题，即在小便池正上方的墙上挂一幅含有幽默小故事的相框，题目字体很大，内容字体很小，小到必须前移一步才可以看清楚的程度。因为

071

这个小故事的吸引，男同胞通常会尽可能靠近，利用短暂无聊的时间来阅读。在一次总裁班课堂上，有总裁学员听了我的讲解之后恍然大悟，因为他在某酒店看到过这种故事框，感觉有品位，就要求装修公司如法炮制，但装修公司制作的故事框文字很大，失去了"小"的作用，效果不佳。

**4. 马桶冲水浪费怎么办**

许多马桶并非环保设计，每次冲水估计都会浪费不少水。有员工思考后想到的方法是，往马桶水箱里放砖头。放一块砖头之后发现冲水效果良好，放两块砖头之后发现冲水效果依然良好，放第三块砖头之后发现出问题了。自此，他提交了在马桶水箱里放两块砖头的改善提案，并指出每冲水一次大致可以节省一升水，每个马桶每天冲水20次，可以节省20升水，如果全公司推广，可以节省更多的水……

**5. 洗手池前面滴漏怎么办**

厕所洗手池前总是水汪汪的，再加上人来人往踩踏，还会把这里的"脏"带到其他地方。对于缺少问题意识的人来说，这也许没有什么，时间长了大家见怪不怪。为了解决这个问题，需要了解洗手台前的水是从哪里来的。根据观察发现，滴漏源自两个方面：一个是水龙头飞溅出来的；另一个是洗手者洗手后甩出来的。

针对水龙头的飞溅，解决的办法是在水龙头上加装一个调压阀，对水流进行"软"处理，让水流变得柔顺；针对洗手者随手一甩，有人发明了干手器，但效果不佳。我看到丰田展厅的做法比较有个性：在洗手台下放一块很厚实的漂亮毛毯，感觉效果不错。人们踩上去之后感觉十分柔软，会不自觉地往下看，多数人会顿生爱惜之心不再甩手，即便有人甩手，毛毯也能将水吸收。

### 6.厕纸浪费怎么办

在一家人性化管理相当不错的企业里，一线员工写信向董事长投诉洗手间里经常没有厕纸，很不体面。领导知道后，马上指示行政部解决问题。行政经理早知道存在这个问题，因为众所周知的原因（有人将卷纸偷回家使用），即便清洁工每两个小时到洗手间各蹲位补充一次厕纸，也经常会出现断纸的情况。

一直以来，由于费用控制的需要，行政经理面对断纸的问题采取睁一只眼闭一只眼的态度。现在领导已有明确要求，自己就不得不认真对待了。他把自己知道的事实，以及费用预算不足的问题向领导做了汇报，但领导态度坚决地教育行政经理管理要以人为本，必须无条件及时补充厕纸。一个月下来，员工的抱怨没有了，但是用纸费用增加了近一倍，在月度工作汇报中该经理因成本控制不良受到了领导的批评。这位经理当场抱怨既要无限制供应，还要控制费用，自己很为难。而领导坚持认为，这两件事之所以矛盾，只是管理智慧不足造成的，希望他继续动脑筋想办法解决问题。

过了几天，行政经理把想到的招数向领导汇报，即希望能给予保安在员工离开时检查包的权力，防止员工把卷纸带回家。领导拒绝了行政经理的要求，理由是以人为本的企业是不能检查员工包的。行政经理这下彻底困惑了，不知如何是好。善解人意的领导建议他"群策群力"看看。

很快他按照领导的建议，召集多名改善能手开会，希望大家帮忙想办法。功夫不负有心人，改善建议很快由一位改善能手提出来了，他的方案是把小卷装厕纸改为装在塑料盒里的大卷装厕纸，这样大卷纸既拿不下来，即便撬开盒子拿下来了又不方便带走，应该可以解决问题。经评估后，公司决定在所有洗手间蹲位上加装一个大大的塑料盒子。经过一段时间的试用，发现效果良好，纸张费用下降了30%。这在今天看来稀松平常，但在10多年前是一个很好的建议。

又过了一月有余，那位改善能手又指出，这个大盒子方案还有漏洞，需要进一步改善。理由是，他通过观察发现，在宿舍里许多人都在使用一段一段的大卷装厕纸，应该是有人在如厕时顺手牵羊带回宿舍的。基于此，他进一步建议，取消洗手间内各蹲位的大塑料盒子，把其中的一个固定在大家都能看到的洗手间门口。如此这般改善之后，效果十分明显，不仅可以保障随时有纸用，而且厕纸的使用量又下降了许多。

除了以上改善，还可以举出若干洗手间改善的例子。这些事例都在传递一个观念：只要心到，精益改善真的可以无处不在。

## 七、木匠和厨师，谁更容易成为领导

1983年，我作为国家公派留学生去日本留学。留学期间，我和日本朋友交流的时候，他们总是说，你们中国人做生意很厉害，到处是中餐馆，很赚钱。后来我和华侨求证的时候，他们也说，华人来到日本之后主要从事餐饮，别的产业基本不做。当年日本制造如日中天，留学生经常聚在一起谈起这个话题，总是对"华人为什么不做制造"百思不得其解。

再后来，我毕业回国后进了深圳理光公司。这家公司曾经生产过一款经典产品，这款产品的图纸、模具、工具和生产线等成套技术和装备同时卖给了桂林理光（国内企业），桂林理光还选派了数十名员工前往日本学习研修数月。最后的结果是，深圳理光可以做到近100%的直通率，桂林理光却只能做到一半左右（即有一半机器在生产线上发生不良问题，需要移出生产线进行处理），深圳理光的生产效率是桂林理光的数倍。

同样是在中国的工厂，为什么会有如此大的差异？我开始慢慢思考这个问题，后来发现，在深圳理光，中方员工从日本专家那里学到了技术以外的东西，那就是工业化思维模式。这里的管理者和员工深深地懂得：企业经营是一个科学分析、系统规划和扎实落地的逻辑过程，产品制造也是一个基于优良设计、工艺保障及严谨操作的创造过程，解决问题更是一个计划、分析、提案、实施和验证的科学过程。这些过程要比中餐馆的经营逻辑更复杂、更科学，所以仅知道绩效和员工利益挂钩不能解决产品制造过程中的复杂管理问题。

我想说的是，大书特书餐馆成功的故事，对中国企业，特别是制造企业的管理提升基本上有害无益。原因是，这样的故事听得多了反而会让制造企业 CEO 和管理者的思维变短变浅，一旦目标不能达成，他们首先想到的是分清责任归属，研究奖罚或激励，少有对自身管理进行反省，以及对过程管理进行研究和改进。

其实，中国企业管理更需要学习木匠具有的工匠精神与工业化思维。

我记得小时候，农村家里几乎每年都会请木匠、篾匠或者棉花匠等来家里做活，按天付工钱。每当这些师傅工作的时候，我都会对他们从无到有的"创造"过程及高超技艺充满兴趣。对比下来，木匠活难度最大，工钱和待遇最高，也属木匠师傅的工作过程最令人着迷。就我的观察，木匠的工作过程有以下几个特点。

第一，事先准备工作多且细。工作台、刨凳及各种工具都需要进行事先准备调试，会花费不少时间。

第二，工作（开锯、开凿）前或过程中师傅思考最多。从木材开始到产出成品为止，整个生产流程相对较长，需要对产品结构、工艺和外观等有一个缜密的思考和规划。

第三，工艺相对复杂，需要掌握多种作业技能，锯、削、刨、凿、钻、磨、漆等都需要专业训练。

第四，一旦发生错误修补困难，而且会极大地影响产品可靠性，所以一次做对十分重要。师傅通常只允许徒弟做一些诸如凳子之类简单的活。即便如此，徒弟也会犯错，比如榫头连接不够紧密，师傅会在榫头处嵌入一些小楔子进行修补。但这些经修补的凳子通常会较早损坏。

可见，木匠工作本身就是一个标准的工业化思维和产品制造实现的过程，这样的过程不仅需要熟练的工艺技术，更需要缜密的逻辑思维能力。可以肯定地说，中国制造企业管理者和员工有必要从木匠身上学思维之法，悟管理之道。

中国制造企业要想由大到强，并做到基业长青，企业上下要去除简单的生意人思维，始终以工业化思维模式（*我给予的定义：过程标准化、可复制，内容求创新、能超越*）和精细化工作态度对待技术创新、产品研发、产品制造及制造服务，做好中国产品，做强中国制造。

## 八、从超级匠人秋山先生身上能学到什么

日本的国宝级匠人秋山利辉先生生于1943年，经营着一家纯手工家具公司，员工近40名，年销售额5000多万元。除了开料工序使用机械外，产品加工是纯手工的，用户包括日本皇室、国会议事厅、高级酒店、一流珠宝商及一些个人高端定制客户。这家企业规模虽小，名声却很大，几乎每天都有来自世界各地的参观者，其中不乏世界500强的总裁高管们。秋山先生何以有如此超人的魅力？

2015年6月19日下午，我们一行人如约来到了位于日本横滨市郊区的秋山木工公司，几个穿着浅灰色工装的年轻员工已经候在门口。我们跟随引导开始参观，左边是相邻的三个加工车间，每个车间面积估计不到300平方米，属于典型的作坊式街边小厂，进入车间后直接上到二楼就是公司的办公室和会议室。办公室很不起眼，会议室也很小，只能摆下20多张小椅子的样子。我们看在眼里，内心不免开始犯嘀咕：如此作坊有那么神奇吗？到这样

的地方来到底能学到什么？

我们刚刚坐定，一位老者笑眯眯地来到会议室，他就是今天的主人公秋山先生，还有四男一女高中生模样的员工陪在身边。然后，他快人快语地开始了个人和公司的介绍，过程中侃侃而谈，总是和女翻译抢话，每当被翻译强行打断的时候，他还做鬼脸，看得出来，他是一位态度和蔼和富有激情的长者。

他说自己天生笨拙，读不来书不说，连音乐、绘画、体育等课外活动也样样不行，感觉自己就是个"废物"。初中毕业后，偶然的机会使他进了一家大阪的木工所工作，经历了整整五年严苛的学徒生活，竟然有了脱胎换骨的进步，不仅很好地掌握了木工技术，更重要的是学会了做人，学会了感恩。他从自己的经验和当今社会教育方面的诸多问题中得出结论：传统的师父带徒弟比现代教育强太多，自己生来的使命大概就是传承这种优秀模式。

他相信，日本要保持持久的竞争力，光靠科学技术是肯定不行的，还必须积极传承日本人拥有（从中国学来的）的匠人精神。从这个意义上讲，他执着于培养超一流匠人，就是为了拯救日本工匠精神。他骄傲地告诉我们，他已经培养了数十名卓越的木工匠人，活跃在日本各地，传播他的理念、思想和技术。日本国家电视台花了整整四年时间拍摄他的匠人弟子的成长过程，该电视剧已经出版发行，并期望以此推动整个日本社会关注匠人和匠人精神的培养和传承。

他之所以备受关注，不是因为具有超一流的匠人技术，而是因为他自创了一套"八年制超级匠人培养制度"。他的这套制度，目的是培养心智成熟、人格高尚的超级匠人，而不仅仅限于培养技术熟练工。因为他相信，心是一流的，技术肯定也是一流的。

"八年制超级匠人培养制度"包括见习生一年、学徒四年和匠人三年三个阶段。

见习生学习一年，名义上是秋山学校（和工厂一起，秋山先生任校长）的学生，吃住免费，但由公司给他们发放一定额度的奖学金（零花钱）。见习生原则上不直接参与客户订单的家具生产，主要任务是在现场给前辈打下手，帮CEO接待客人，学练锯、刨、凿、磨等基本要素作业技能。当然，见习生还要按计划完成规定或自选的习作加工任务，来客送迎和服务等也全都是见习生的事情。

见习生考试合格后，晋级为学徒，学习期限为四年。学徒是秋山公司的正式员工，按级别领取工资待遇。他们可以在前辈匠人指导下参与客户订单的家具生产。

四年学徒时期结束的时候，会有一次严格的考核，合格的晋升为匠人。所谓匠人，就是师父，此阶段共三年。从成为匠人之日起，他们就有了指导学徒和见习生的资格，通常都是小团队的负责人。作为师父级的匠人，可以拿到相当高的工资待遇，职责是带领学徒完成客户订单，同时对学徒进行有针对性的培养。

按照运营惯例，三年匠人时期结束后，所有人都必须离开秋山公司，或到其他公司就业，或自己独立创业，负责在日本范围内传播和推广匠人精神和匠人技术。这些匠人在外工作两年之后，还可以申请回到秋山公司工作，只要公司有职位（车间主任等）空缺，申请就可以获得批准。公司的厂长或车间主任基本都是出去后再回来的优秀分子。

秋山先生之所以能够在八年时间里培养出超一流的匠人，除了上述师父对徒弟的言传身教外，更重要的是秋山先生进行了大量看似不近人情的严苛训练。

**1. 入社考查十分讲究**

由于口碑在外，每年毕业季都会有不少于预期人数十几倍的年轻人申请入社。秋山先生定的入社条件里，除了学历不限、男女不限、年龄不限，有两条是最关键的：申请人孝顺，以及申请人及其家属对其成为匠人有决心和信心。初选是面试申请人，初选合格后，秋山先生会前往申请人家里和其家属面谈数小时，确认家风和家属态度。

**2. 日常管理十分严苛**

在秋山公司，见习生和学徒必须遵守10条"军规"。

①学会按标准自我介绍。

②任何时候不能使用手机和电子邮件，而只能用书信与家人或朋友进行沟通。

③一年内只有中秋节和正月休假才可与家属见面。

④禁止使用亲属的钱物。

⑤不准恋爱。

⑥每天早上参加约3公里的马拉松。

⑦饭菜由大家自己制作，禁止挑食。

⑧工作开始之前务必大扫除。

⑨早会背诵匠人守则30条。

⑩见习生不管男女，必须剃光头。

因为管理严格，公司慎重起见，给新入员工设置了10天观察期，有些人会在这10天里知难而退。10天后决定留下的，不管男女都要剃光头，寓意下决心从头开始。

### 3. 见习生和学徒须每天写日记

公司印制了 A3 规格的日记本，要求见习生和学徒每天工作结束后填写，记录一天的工作、成败事例和心得体会等，匠人师父或上司会及时写上批语，秋山先生也会认真进行批注，一般 15 天到一个月就能写完一册。公司会把写完的日记册寄给其家属阅读并要求他们写上评语和激励的话。从日记本记录的内容里，公司、员工本人及其家属都可以很容易看到员工的成长状况和心路历程。

### 4. 活用竞赛和仪式

秋山公司内部每年会组织一次见习生见习作品和学徒木工作品大赛，并邀请见习生和学徒家属观摩，然后通过公司内部评比，选出数名优胜者组成秋山木工队，参加全日本每年一次的木工技能大奖赛。到目前为止，秋山公司每年都能在大赛中获得很好的名次。在秋山公司，还有各种仪式见证员工的成长，其中学徒结业、晋级匠人的仪式最为隆重。仪式通常在酒店举办，邀请所有晋级者的亲属参加，过程中有晋级者本人讲述、家人回顾、公司祝贺等环节，整个仪式充满亲情、爱和正能量，参与者无不感动流泪。

上述要求中，最令人不解的一条是，所有员工每年只在中秋和正月期间休假 10 天，其余时间一律工作。我们问："这样不是违反劳动法吗？政府会不会干预？"秋山先生笑着说："政府和附近的警局都知道我这里的员工每周工作 7 天，但他们都清楚我的员工没有怨言，员工的家属也没有怨言。他们十分理解我们的观点——要培养超一流匠人，没有严苛的管理是一定做不到的。"

参观学习的最后，不少团友啧啧赞叹，并表示秋山这样的匠人太可敬了。我却得出了不同的观点，凭着我对秋山工厂的观察，发现秋山先生过于执着于员工技能和心智的培养，而忽视了科学管理思想、方法的学习和运用，所以工厂管理混乱、效率低下。他之所以能够维持现在规模不大的生意，主要因为他的情怀和故事感动了客户。相对于秋山先生这样的匠人，丰田、理光等大牌企业的企业家和员工拥有这样的匠人精神更可贵。

## 九、跳出固有立场，提升解决问题的层面

许多看似无解的问题，换个角度或换个高度思考，答案也许就在眼前，关键是要学会跳出自己的固有立场去思考问题。

在认识问题和解决问题的过程中，一个人的视野往往会受其社会地位及组织地位的束缚。为了寻求更好的解决问题的方法，有必要养成跳出自己固有立场思考问题的好习惯。

有一个关于汽车内胎气嘴盖改善的故事，相信人们能从中领悟到不少管理方面的道理。

某汽车轮胎内胎加工厂在产品最后装箱打包之前，需要给内胎气嘴拧上盖子。工厂每天要生产数千个内胎，作业者就要用手指拧数千个气嘴盖，导致手指疼痛，甚至会有脱皮出血的情况发生，作业者十分厌恶这个岗位。

负责该工序的小组长是一个有改善意识和革新意愿的人，他看到作业者的苦处和无奈，于是有了改善的冲动，试图尽快解决作业者手指疼痛和脱皮出血的问题。

于是，他召集相关人员开了几次改善会议，并提出了好几种方案。

有人建议让作业者戴上手套作业，又有人提出要作业者在手指上缠上胶布，还有人建议每两个小时交换一次作业岗位等。但这些方法都有不尽如人意的地方，终究不能很好地解决这个问题。

他们也想过购买自动化设备来代替手工作业，但核算之后发现，投入产出不成比例，也就放弃了。改善似乎进入了"死胡同"。

但是，如果把它放在一个更大的时空范围、站在更高层面来考虑，或许会有完全不同的解决方案。假定这个问题由生产部经理来解决，他可能会找到生产技术部经理，跟他商量在新年度增加一项购买气嘴盖自动拧紧装置的预算。如果协调成功，问题也就如愿解决了。即便有人因为成本高而提出反对意见，他也可以争辩，解决这个问题不应该从成本角度考虑，而应从员工职业安全角度来考虑，估计反对的人也会选择妥协。

如果这个问题由工厂厂长来解决，他应该可以把工厂外的因素也纳入考虑范围。他可以思考内胎包装形态，包装好之后的去向，以及在轮胎销售店家的使用等情况。轮胎商店究竟是怎样使用内胎的呢？其实很简单，他们把内胎从包装箱中拿出，把气嘴盖取下，并装入客人的汽车轮胎中，然后往胎里充气……

后来，有人指出："既然在轮胎商店还要取下气嘴盖，那么从一开始就不要装上气嘴盖不是更好？"这句话使大家豁然开朗，继而有人提出："在内胎装箱的时候，用透明塑料袋装上同样数量的气嘴盖放入箱中不就可以了吗？这样一来，轮胎商店的人还可省去取气嘴盖的工作，岂不皆大欢喜？"这是一个很好的解决问题的方法，通常被称为"消除法"——通过消除作业来避免问题发生。

接下来，如何让这个好方案落地？根据流程规范要求，要改变产品包装形态，必须取得销售公司CEO或客户的同意。为此，厂长亲自签署改善建议，并提交给销售公司CEO。

不幸的是，几天之后厂长收到了拒绝接受改善建议的回复，原因是销售人员担心，如果不拧上气嘴盖，由于内胎气嘴前端是尖锐的刀状物，在运输及拿放过程中极有可能会切破内胎，造成致命的质量事故。因为销售公司CEO是以客户价值和品质至上的原则作为判断基准，所以拒绝起来也是理直气壮。

厂长多次与销售公司CEO交涉，都无法达成一致。至此，这个问题被搁置的可能性是极高的。但是这家工厂的厂长是一个极富耐心的人，抓住问题不放，再三解说改善方案的好处，而销售公司CEO始终不为所动……

因为不装气嘴盖的建议实在太诱人了，现场改善小组也一直没有放弃，还在想着有没有更优化的改善方案。突然有人指出："销售人员并不是说必须装气嘴盖，他们只是说内胎气嘴是金属尖角，会划破内胎。"一句话点醒了大家，接下来事情就简单了。

循着这个思路，他们又提出了多个将气嘴的尖锐部分保护起来的方案。其中之一是，做一个薄薄的塑胶套，直接套在内胎气嘴上（**不用拧的动作**），划破内胎的风险也就规避掉了。由于塑胶套成本极低，又能够很容易地套上和拔下，作业者喜欢，轮胎商店估计也会接受。

知道这个替代方案之后，厂长十分开心，马不停蹄地联系了销售公司CEO。销售公司CEO也觉得方案很好，既方便了作业，又消除了质量事故风险，很快就和轮胎商店达成一致……问题得到了圆满解决。

通过以上改善故事，人们可以获得以下几个启示。

第一，面对同一个问题，不同职位的人拥有不同的视角和高度。在思考解决方法的时候，一般来说，高职位的人比低职位的人能看到或想到更多的解决方法。同样，不同职位的人在解决问题的时候，可动用的资源（人、财、物等）不一样，解决问题的难度也会不一样。在解决同一个问题的时候，高职位的人通常会比低职位的人更简单、更快捷或更有效率。

第二，当解决问题时在某一个层级遇到困难，有必要改变层级高度，在较低层级解决起来有困难的时候，不妨提高层级来思考这个问题，或者直接找较高职位的人一起研讨解决问题的办法。

第三，作为较高级别管理者，不能轻易抱怨自己的下属不在他们的能力范围内解决问题，总是把问题上交。恰恰相反，管理者应该以参与者的身份经常和下属交流，了解他们在解决问题过程中遇到的困难，并尝试从更高处着眼思考和分析问题，寻找更快捷有效的解决方法。

总之，我想表达两个重要观点：一是改善无止境，许多看似无解的问题，换个角度或换个高度思考，答案也许就在眼前，所以不要轻易放弃，要持续追求；二是改善要全员参与，特别是高层要关注或参与下属解决问题的进程，并给予及时的辅导或支援，帮助下属解决问题，达成目标。

## 十、管理思维与改善思维

**1. 管理思维和改善思维是什么**

一般来说,为了提高系统效率,可以考虑两种方案:一是不改变系统的结构,通过对系统的巧妙运用和有效管控,以较少代价获得较多利益;二是改变系统的结构,以便提高效率或效益。我们把前者称为管理思维,把后者称为改善思维。

所谓管理思维,就是在不改变现有系统结构或设计参数的条件下,通过改变系统的运用方法来达到提高系统效率的目的。

某日,公司品质部接到客户关于××的质量投诉,品质部协同生产部调查问题发生的原因,结论是由于员工疏忽造成的。随后他们的对策是对当事人进行警告和再培训,并要求对这个工位加强检查。

所谓改善思维,是通过改变现有系统结构或设计参数来达到提高系统效率的方法。针对同样的品质投诉,拥有改善思维的人可能会马上思考有没有防呆、纠错的办法,从根本上求得问题的解决,以便让问题不再发生。也就是说,他并没有去追究标准、制度的不足或员工责任,而是期望通过改变系统的结构来实现问题的解决。

简而言之,把"不改变工具、机制和方法"当作解决问题的条件,并使问题得以解决或缓解的就是管理思维,否则就是改善思维。

在企业经营管理实践中,不管是专家学者,还是企业经营管理者,大多属于管理思维,都乐于或善于处理管理问题,即遇到困难或问题时,习惯性依靠制度、管控或鼓足干劲儿来应对,以图从困难或问题中摆脱出来。

其结果是,制度越来越多,条款越写越细,管控越做越"好",并最终形成一种特殊的"管控文化"。长此以往,那些善于照章办事,并能经受管控考验的人逐步成为团队的核心。

经验告诉我们,以上两种思维都有存在价值,而且都可以为我所用。但值得警惕的是,随着时间的推移,绝大多数企业都会不自觉地走向管理思维主导的歧途。

**2. 提升系统效率的两个循环**

提升系统效率和管理思维、改善思维之间的关系可以用以下公式来表达。

提升系统效率＝改善系统结构 B × 优化系统运用 C

      改善思维　　　　管理思维

从公式中可以看出,在经营管理活动中,要获得高效率或高收益,必须同时拥有管理思维和改善思维。由于公式中的 B 可以任意取值,C 取值范围是 0~1 之间,如果没有改善思维,即便把系统运用优化到极致,系统效率也是受限的。理解了这个道理,人们或许会意识到改变系统结构的重要意义。

"效率改善无极限"说的就是这个道理,即 B 的取值是不受限的。

**3. 改善思维与管理思维的优缺点比较**(见表 2-1)

从表 2-1 的比较中可以看出,改善思维和改善活动通常是积极向上且令人愉悦的,但可能经常伴随着失败,而且见效较慢。因此,必须以积极良好的心态去面对改善。当然,改善一旦开始获得成果,就容易形成良性循环,持续下去还会形成生生不息的革新改善文化。

而管理思维和管理活动,通常直接对人采取措施,多数员工可能会感到不快或有挫折感。尽管通过管控可以快速见效,但效果有限,而且很难保持。如果过于执着管理思维和管理活动,就有可能对企业文化造成伤害。

表 2-1 改善思维与管理思维的优缺点比较

|  | 优点 | 缺点 |
| --- | --- | --- |
| 改善思维 | 获得可持续效果;<br>过程愉悦,实现良性循环;<br>培养创造性和能动性;<br>可培养有改善能力人才;<br>能够建设革新文化 | 企业要有较强经济实力;<br>对员工能力要求较高;<br>改善效果见效较慢;<br>短期可能会有浪费 |
| 管理思维 | 可短期内见到效果;<br>可培养吃苦耐劳的员工;<br>对员工缺乏信心时适用;<br>花钱较少 | 直接对人采取管控措施;<br>难以形成良性循环;<br>效率提高有限;<br>创造性会受到抑制;<br>会形成惰性管理文化 |

一般来说,当企业经营状态良好、顺风顺水的时候,人们心态积极,更愿意采取改善思维。

我们经常看到这样的状况:越是优秀的企业,制度管控越宽松，企业领导站得高、看得远，不急于求成，激发多于管控，并期望通过帮助员工成长来达成企业目标。

反之，当企业遭遇恶劣环境或经营困难时，企业领导可能会变得焦虑不堪、短视和急于求成，倾向于研究制度和管控上的缺陷，并期望通过管控来改善经营绩效。

在不同的经营环境下，企业领导做出不同倾向性选择无可厚非，但需要注意的是，要把握好改善思维与管理思维之间的平衡，特别是管理思维不能成为主流。

**4. 要警惕几个容易犯的错误或倾向**

如果把改善思维比喻为足球比赛中的进攻，那么管理思维就是防守。既然如此，人们就要懂得进攻和防守之间的辩证关系：没有防守不行，没有进攻更不行。

只有防守而没有进攻就会被动挨打，进攻是最好的防守；但只有进攻而没有防守，就有可能"前面进得多，后面丢得也多"。我认为，在经营管理实践中，必须设法规避最容易犯的几个错误倾向。

一是要警惕依赖管理思维倾向。人们之所以较容易滑向管理思维，甚至产生对管理思维的依赖，是因为管理思维要比改善思维简单，而且往往有章可循（书本知识、规章制度或标准等），有较为固定的"三板斧"——制度、培训和管控（监督考核等）。

二是要警惕对改善求全责备的错误倾向。由于改善后的新系统往往在运用上存在不熟练等因素的制约，需要人们持更多的包容和呵护之心。许多企业不能形成革新改善文化，问题就出在对新系统求全责备，最可怕的是企业高层也常常抱怨"新系统还不如老系统有效率"。在一家因循守旧、不思进取的企业里，老办法永远比新办法更有口碑。

三是要警惕把管理思维当成改善思维来看的错误倾向。我们经常听到企业领导关于生产效率不高、浪费严重的抱怨。在管理实践中，许多人（包括专家学者）会认为解决这类问题最好的办法是让员工收入与工作结果直接挂钩，比如导入计件工资制。人们认为这是改善思维，其实这是典型的管理思维，因为在这个过程中，生产的系统结构没有发生任何改变。

## 十一、源头改善到底有什么样的威力

若缺少源头改善思维，效率提升会十分受限。下面用一个事例来讲一讲效率提升中源头改善的重要性。

不久前，有一家客户的总经理来到我的办公室，讨论了生产效率提升中他所面临的困惑。他向我展示了一个生产线效率提升的改善案例，据他说这个改善是 8 年前在日本专家辅导下完成的。这一做法一直延续到现在。

他告诉我说：改善前，这条生产线总共有 3 台车床，负责在产品基座上钻出 12 种直径不同的孔。平均每台机器需要加工 4 种不同尺寸的孔。在加工过程中，只有两种可行的选择：如果为了提高加工效率，就要减少更换钻头的频次，就会有很多在制品库存。如果为了减少在制品库存，就要频繁更换钻头，生产效率就会降低。以上两种办法，都会产生严重的浪费。

怎么办？他首先在日本专家建议下，投入资金，加购 9 台车床。然后，把 12 台车床进行 U 字型布局，做成一条标准的 U

型线。每台设备只负责加工某一个尺寸的孔，这样就可以完全避免更换钻头的浪费。最后，专家要求作业员随着产品，从 U 型线的线头开始，依次在不同车床上进行钻孔作业，在 U 型线的线尾结束作业。这条生产线至少有三个好处：一是不用更换钻头，节省了作业时间；二是生产线线尾和线头相连接，作业者没有无效走动浪费；三是可以通过增减作业人数，简单调整生产线产能。但它的缺点是，一次性投入较多，增加了固定成本支出。

这位老总接着说：像这样的改善，感觉就是"天花板"了。但是，随着产量提升，需要不断投入资金购买设备，最近在思考，到底有没有更好的办法，所以才来请教刘博士的。

我问他，你有没有考虑过，一个机座上面，为什么要有那么多不同直径的孔？他说，没有仔细想过。我继续问，有没有可能把 12 种孔径中，尺寸差异较小的几个统一为一个孔径呢？

如果可以的话，这样也许就可以减少孔径的数量。不同孔径数量越少，所需要的机台数就越少，不仅可以降低设备采购成本，还可以提高加工效率。

听到这里，他特别兴奋，表示有一种固有思维被彻底颠覆的感觉，这样一次交流收获很大，以后还会带着问题来办公室交流。

如果人们能够从研发设计阶段就考虑产品的加工性和加工效率的话，也许会获得突破性的改善，因为产品成本的 70% ~ 80% 是在研发阶段决定的。这就是源头改善的强大威力。

## 十二、企业育人与爱员工有什么关系

精益管理能够生生不息，持续推进下去的力量源泉是什么？答案很简单，就是一个字，爱！

那么，爱是什么？我经常会在总裁班课堂上向学员提出这个问题。回答林林总总，五花八门。有人说，爱就是无私奉献。又有人说，爱就是体贴入微。还有人说，爱就是不让对方吃苦……真是这样吗？看一看身边的事实吧。有人因为无私奉献，不小心养出了不懂感恩、我行我素的孩子；有人因为体贴入微，不小心让女朋友感觉自己就是宇宙中心；有人因为不让对方吃苦，使得对方根本不懂得，什么是来之不易。可见，错误地理解爱，会给人们带来很大的问题和深深的困惑。

那么，爱到底是什么？我的解读是，爱由两个关键词组成，第一个关键词是"关注"；第二个关键词是"成长"。从这个定义来解读爱的时候，爱父母、爱孩子、爱亲人，和爱员工、爱领导、爱朋友，乃至爱周围所有的人，是一样的。

所谓关注，就是关心和注意，就是用心观察，用心倾听，站在对方的立场看问题。其实，对企业经营管理者来说，理解对方立场或站在对方立场看问题，这种意识和能力是十分重要的。

所谓成长，是指一个人心智不断走向成熟，意识和能力不断提升的过程。意识、能力提升的重要性可能比较容易理解，但心智成熟的重要性却往往被人们忽视。以致于很多人能力不错，但心智却不成熟，成了人们心目中的"巨婴"，严重制约个人能力的发挥。比如有些人嫉妒心强，看不得别人比自己好。又比如，有些人性格偏激，看问题总是非黑即白。还比如，有些人满腹牢骚，总是觉得世界对自己不公平。所有这些都是心智不成熟的表现。所以，成熟的心智指的是一个人拥有正确的价值观、平和的心态和坚定的意志等，是一个人思想、精神层面的东西，值得终生修炼。

懂得什么是爱之后，对自爱的理解也就简单了。所谓自爱，就是"关注"自己，设法帮助自己"成长"。爱与自爱之间的关系也不复杂，因为爱是要帮助对方成长，如果自己心智不成熟，意识和能力不足，那么爱别人是万万做不好的。所以，要学会在爱孩子、爱父母、爱员工的同时，好好爱自己。有人误以为，在精神上和物质上放纵自己就是爱自己，那是不对的。

大家都知道，精益管理的精髓是造物育人。育人就是帮助员工成长，说到底就是爱员工；而且精益管理强调全员参与，就是要爱所有员工。都说"爱出者爱返"，企业家和管理者只要无私地付出你的真爱，你将会活在爱的海洋里！

# Chapter 3 精益实践中的几个问题

# 一、精益管理中，供应链跟不上怎么办

在全球化的今天，每两次经济危机的间隔将越来越短。可见，即使本次危机将要过去，人们也不能高枕无忧，企业间的竞争也不会结束。因此，思考企业未来，未雨绸缪地进行精益管理将成为企业管理者的必然选择。精益管理通常包括整个供应链走向精益的过程，而不限于企业内部的精益生产。因此，研究和实践容易被忽视的供应链前端的精益管理具有十分重要的现实意义。

### 1. 供应商精益管理的意义

在充分竞争的时代，客户个性化需求及利润空间的逐步趋窄，客观要求企业必须将目光从个体企业内部生产过程的精益化，转向产品生命周期中各个环节和整个供应链系统的精益化。通过精益管理提升供应链的品质、效率和交付等方面的管理能力。

供应链是指商品需要经过供应商、制造商、销售商进行原料提供、产品生产和销售而形成的一个链状的供需过程。只有保证原料、零部件等供应链中各个环节的高水准管理，才能保障最终产品的竞争力，满足客户的需求。由于对供应链前后端固有的主观认知，人们往往会忽视对供应链前端，即供方的关注和支持。事实上，关注和帮助供方提升管理，对提升供应链竞争力是十分有效的。

第一，可以通过控制和改良供方原材料、零部件的品质水平，减少由于品质不良给最终产品品质造成危害的可能性，提高客户对产品的满意度。

第二，供方稳定的高品质还可以消除整个供货过程中如退货、修理等失败成本的浪费，改善整个链条的盈利能力。

第三，可以提高整个供应链的反应速度，缩短交货周期，更好地满足客户快捷交付的要求。

第四，可以促进供需双方相互理解、相互支持，继而形成稳固的、互利双赢的伙伴关系，这种关系会在共同面对危机时发挥重要作用。

**2. 供应商管理中的误区**

在一次总裁班课堂上，我谈到企业必须拥有先进的供应链管理理念，并且通过在支付和管理上对供应商提供支持，与供应商建立互惠双赢的伙伴关系。听到这里，有学员指出，上一堂课程的老师刚刚教他们如何用供应商的钱赚钱。可见，关于供应商管理，人们还存在着很多认识误区和错误做法。

第一，无节制压低采购单价。在制造业成本构成中，原材料或零部件一般都占有很高的份额，企业高管对原材料或零部件成本予以关注本在情理之中。但是，管理者会不知不觉地把关注的焦点放在原材料或零部件的采购单价上，并期望通过无节制压低供应商的供货价格来提高自身成本竞争优势。

无节制压低采购单价的后果是严重的，供应商或许会因为无利可图而被迫停止供货，更坏的情况是供应商为了生存而以次充好。

第二，审核监管太多，辅导支持太少。许多企业抱怨供应商能力低下，品质、交货等总是达不到要求。面对问题，许多管理者想到通过加强审核监督，甚至采用重罚等手段来达到目的。至于对供应商实施辅导和帮助其提升管理水平，仍没有意识或少有作为。其结果是，不仅供应商能力提升缓慢，考核和处罚还会增加供需双方的不信任感，以致于出现相互推诿的现象。

第三，能拖欠货款成了被奖赏的能力。有的企业认为，能够拖欠货款是采购经理值得称道的能力，并以此来考核采购经理的工作绩效。其结果是，企业想方设法拖欠货款，还经常找碴（**品质不良或交货延迟等**）不支付或少支付，这样做的后果是，企业信用和形象严重受损。我的一个企业家朋友就告诉我，他再也不想和国内某大牌企业做生意了，原因是对方不但做事霸道，而且支付信用很差。

第四，供应商不行就换。在一些企业看来，更换供应商易如反掌，因为有太多人等着成为他们的供应商。在不断更换供应商的过程中，这些企业确实能够从中得到实惠。但是，这样做的缺点也是显而易见的，那就是在供应链整体能力提升方面无所作为，缺乏积累，而且还会在企业信用和形象上遭受莫大的损失。

这些认识误区和错误做法，不利于供应链整体能力的提升，会阻碍企业走向精益的进程。

## 二、"三现"主义为什么重要

最近,一个客户给我写了一封感谢邮件,内容是:"至今请过数家顾问公司,只有你们的顾问最特别。你们很少闭门造车(在办公室做文件、做方案),而是'泡'在现场,和公司员工一道研究和解决管理问题,许多长期困扰管理者的慢性问题都能够在你们的辅导下得到解决……"

看来我们所倡导的"三现"主义原则得到了客户领导的认同。"三现"主义是企业管理上的一种价值主张,是指发生问题的时候,要到现场去,确认现物,并认真探究现实,以便快速精准地解决问题,杜绝闭门造车、"文山会海"等官僚主义做法。"三现"主义的好处是不言自明的。所以,我们要求员工一定要养成这个好习惯,并且以自己的行动影响客户企业的管理者。

有这样一个事例可以说明"三现"主义的重要意义。

某跨国企业生产管理部门发出通知:"因产品中编号为'X0001234'的零件出现短缺(采购漏订货),××生产线需要停线 7 天，7 天后恢复生产。请采购部务必在 7 个工作日之内从日本购回（空运）此零件。"企业某领导和我们的专家看到通知后，对 7 天的停线心有不甘，电话通知生产管理经理和采购经理一起来到生产现场，查看造成停线的零件。不看不知道，一看吓一跳，原来短缺的零件只是一条包装箱用的瓦楞纸加强筋，并不是什么复杂的零件。大家认为，这样的零件在本地应该可以买到。

厂长当场指示，采购部必须设法以最快的速度找本地供应商帮忙生产出来，同时要求生产管理经理协调技术部安排此零件的本地化采购。处理的结果令人满意，第二天下午便恢复了生产。后来，此零件还实现了本地化采购，不仅采购成本降了下来，而且库存量也少了许多，一举多得。

事实证明，有些管理者在遇到问题的时候，并没有遵循"三现"主义原则做事。事后，厂长召集各部门管理者进行了一次生动的"三现"主义教育，要求管理者回去教育员工，不要期望坐在办公室里，面对着计算机解决生产现场发生的问题，一定要去现场，了解现物和现实，才能真正有效地解决现场问题。

这个案例成了这家企业教育员工的生动教材。我拿来分享的目的是希望有更多的企业管理者能够遵循"三现"主义原则去面对和解决现场发生的问题，成为一名优秀的管理者。

## 三、如何在管理中实践"三现"主义

"三现"主义的核心是态度,即服务现场的态度、支持现场的态度、培训现场的态度。

热衷现场,在现场解决问题,而不是坐在办公室对现场发号施令,这是优秀制造型企业管理者的优良作风,也是必须倡导和坚持的原则。

"三现"主义并不否认这样一个管理现实,即职位越高接触"一线"现场的机会就越少。但是,接触"一线"现场的机会少,并不意味着高层管理者可以在态度上远离现场,在行动上脱离实际。在一些优秀的世界500强企业里,有一些体现"三现"主义的运营方法很值得人们学习和借鉴。

### 1. 站立式会议桌

在一家世界500强企业的开放式办公室里,放着一张会议桌,桌前摆着一张白板。一群人围着桌子站着(**没有椅子**),在快速协调某一个问题的解决方案或任务分配。这家企业的总经理介绍,这里是"10分钟会议桌",当有紧急事务需要协商时,召集人可以临时召集各有关部门人员汇聚桌前开现场会。这要比发一纸通知把相关人员召集到某正式会议室开会更高效、更现场、更务实。

### 2. 即日品质与生产会议

在某企业生产线的旁边，有一个开放式会议台（有时候连台都没有）和一个可以书写或复印的电子白板，这里每天下午四点半雷打不动地进行即日品质与生产会议。所有与生产活动有直接关联的部门（计划、采购、物流、生产、技术、检查等）派代表出席会议，坐在电子白板前，汇集一天中出现的各类问题（缺料、不良、故障等），确认原因、对策和对策实施部门，或者指定相关部门调查原因，并提出和实施对策。紧急问题原则上当日必须处置完毕，在次日会议上确认进展状况。这个会议如果能够长期坚持召开，最终将形成一种日事日毕的管理文化。

### 3. 生产线停线警报和处置

某500强企业规定：生产线停线超过5分钟还不能自主恢复时，厂部或拉响停线警报，或广播通知各相关部门（技术、设备、生产、采购、计划等）负责人在3分钟之内到达生产线旁集合开会，现场研究处置对策。

### 4. 高层管理者现场巡视

某企业一位十分善于管理工厂的高管要求自己每天必须随机巡视各个现场（各主要部门工作场所或一般人不太关注的场所）一到两次，每一次的巡视都要求部门有关负责人（不一定是部门的一把手）陪同，现场发现问题，了解员工的工作状态，并即时约定解决问题的时限等。

其实，管理者总是希望现场平安无事，或者能在舒适的办公室或会议室里解决问题，这都是人之常情。因此，要让各级管理者热爱现场，乐于深入现场，并在工作中秉持"三现"主义原则，并不是一件容易的事情。企业高层管理者应该积极倡导和身体力行，并通过建立和运营一些务实有效的机制，逐步在企业里培育"以现场为中心，以员工为对象"的现场服务精神。

## 四、如何处理好精益管理五大关系

我们常说，精益不是一个具体的结果，而是一个始终相信存在更好方法的信念（信仰），是企业员工修炼自我和改进工作的行动，是企业持续走向更高管理境界的过程。为了使企业员工的行动更有效，让绩效提升的过程更快捷，企业有必要处理好以下五大关系。

**1. 企业员工与精益的关系**

企业员工是精益改善的主体。精益改善能唤起自尊，激发兴趣，帮助员工快速成长。

全员参与（改善）既是精益的手段，又是精益追求的重要方向，所以精益管理不能停留在理念宣导和方法学习上，而要设法促成全体员工对精益改善的积极参与。评价员工参与程度可以借助两个重要指标：一个是管理改善（微创新）和发明创造（大创新）的数量；另一个是月度员工改善参与率（一般员工提案参与率和骨干员工课题参与率）。导入精益就是要以这两个指标为导向开展工作。

根据我们的经验，促进员工广泛参与绝不是一蹴而就的简单的事情，需要经历抗拒（*抵触改变*）、降服（*被动接受*）和主动（*积极参与*）的艰难过程。许多企业在导入精益的时候，或者在低水平徘徊，或者开始时轰轰烈烈，一段时间之后不了了之。其原因在于，在精益活动未能走出抗拒期或降服期之前，领导和管理者的激情就已耗尽。

正确的做法是：循序渐进、持续坚持，实现对人性及团队惰性的突破，具体的做法如下。

第一步，在现场（*而不是办公室*）选择一个创新先行者队伍，并通过他们的努力，在一个不太长的（*半年左右*）时间内做出看得见的变化或效果。

第二步，以成功的先行者队伍为榜样，借势把精益活动推向所有的现场部门，让绝大多数员工不再怀疑精益效果，并且懂得不管自己喜不喜欢，参与是必须的。

第三步，将精益改善定义为全体员工的"规定动作"，并重点关注员工的个人成长，适时进行必要的培训，让员工在参与中获得成就感。

企业领导要充分理解人性特点，对于精益导入初期出现的员工抵触情绪或被动态度，不抱怨、不责备、坚定信念、持续推进，耐心守望员工和团队的改变和进步，进而逐步收获精益改善成果。

**2. 改善技术与精益的关系**

改善技术是深化精益的工具，也是学习方法，可以提高解决问题的效率。

众所周知，解决问题通常是一个"由易及难，由表及里"的不断深入的过程。在这个过程中，人们所遇到的问题可能会越来越隐蔽、越来越精细、越来越困难，如何快捷地发现问题，如何深入地分析问题？光靠日常工作经验是远远不够的，需要学习和掌握必要的改善技术。改善技术有很多，常见的有5S（用来发现和解决整理、整顿、清扫等问题）、QC（用来分析品质等问题产生的原因等）、TPM（全员生产性保全）、IE（用来识别浪费的工业工程）、VSM（用来分析流程价值和流程浪费的价值流程图方法）、6Sigma（统计分析工具和解决问题的方法）等。有趣的是，这些改善技术都宣称自己有相应的活动推进方法，但事实是每一种改善技术都存在专业上的局限，不能系统地解决企业存在的各种问题。

但现实中有一种极其有害的倾向，即"工具至上"或"工具迷信"，阻碍人们做好精益。我经常听到来自企业的以下声音："我们去年做了5S，今年想做TPM""我们导入过IE，现在想做6Sigma""我们做过6Sigma，效果不好，现在想做阿米巴"……"工具至上"或"工具迷信"的后果是严重的。在企业领导的"好学"和坚持下，就像猴子掰苞米，不断追逐并导入各种新颖的工具和方法，不仅很难获得持续的管理提升和智慧积累，还搞得员工疲惫不堪，浪费了大量的机会成本。

正确的认识和做法应该是，以精益思想为信仰，以精益目标为导向，在促进全体员工积极参与精益改善活动的同时，根据需要对员工进行有针对性的改善技术培训，引导员工自主学习，帮助员工快速成长。我们坚持认为，员工学习是为了改善，改善是员工最好的学习。

总之，为了做好精益，企业要做工具的主人，而不能成为工具的奴隶。

**3. 活动机制与精益的关系**

活动机制是推动精益的抓手。导入机制和规范运营推动精益持续向前。

许多人抱怨：理念懂了，方法也学了，就是不知道怎么推动精益。有时候，即便能够获得一些改善成果，也往往是昙花一现，不可持续。根据我们的经验，要推动精益活动持续向前，就不得不运行员工改善提案、现场自主管理、焦点课题改善等改善活动机制。

所谓"员工改善提案"机制，是指以"促进员工参与改善"为目标的个体改善活动。这项活动通过制度化的奖励措施，引导、鼓励和约束员工个体时刻关注并主动解决身边的问题，从我做起，从不花钱、少花钱和能做的改善做起。持续开展这项活动，不仅能够提高员工认识问题和解决问题的能力，培养员工强烈的主体意识，有时候还能收获意想不到的大创新、大成果。

所谓"现场自主管理"机制，是指以"改良现场管理体制"为目标的现场改善活动。这项活动通过导入自主管理制度为起点，规范和约束现场班组，以半年或一年为周期，规划、实施以班组为单位的上台阶（由易及难、由表及里）的改善。持续开展这项活动，不仅可以及时解决现场 5S、微缺陷、发生源及作业标准化等方面的问题，做到防患于未然，还可以为企业经营目标的实现提供基础保障。

所谓"焦点课题改善"机制，是指以"提升企业经营绩效"为目标的绩效改善活动。这项活动通过定义与公司经营绩效密切相关的焦点课题，成立由管理干部或骨干员工组成的部门或跨部门改善小组，并对改善小组的改善活动进行有效管控，最终达成提升经营绩效的目的。开展这项活动，可以让团队智慧聚焦于企业经营重点，强化战略推动力，是企业领导实现战略目标的最重要途径。

有人或许会说，没有这些活动机制，也可以做精益。此话不假，但不得不说的事实是，改善活动机制好比铁轨，在铁轨上注定会比在泥巴路上跑得更稳、更快。

**4. 推进组织与精益的关系**

推进组织是精益成功的保障。明晰责任和营造氛围能激发团队改善的活力。

在精益导入阶段，企业需要设立专职推进部门并配置专职人员，负责规划、推进、指导和评价企业及部门精益改善活动。当我们提出建立这个部门的时候，有的企业领导十分不解：都说精益就是要节流降本，为什么还要额外增加人员负责推进工作？

为什么需要推进组织呢？一般企业的组织架构都是纵向设计的，他们通常习惯于接受纵向命令，完成纵向任务目标。而精益改善活动，一方面通常需要跨流程横向规划与分析，需要跨部门横向协调与实施；另一方面，精益改善活动游离于纵向指令系统之外，通常需要营造氛围。所以，成立一个精益专职推进部门是精益成功的组织保障。

这个推进组织除了负责全局推进的专门人员外，各部门还需要设立负责工作接应的改善先锋小组或先锋队员。推进部门除了基于推进员工提案、自主管理和课题改善活动三大机制外，最重要的工作就是做好"导演"，为员工搭"舞台"，教员工学方法，促进各级领导和基层员工的良性互动，营造浓厚的改善氛围，创造不得不改善的环境和条件。

营造改善氛围的内容是丰富的，包括组织召开现场诊断会、现场观摩会或改善之旅等活动，让企业领导亲临现场，评价员工改善的成果，和员工进行面对面的交流激励；召开课题改善发表及表彰大会，让部门领导、管理者和员工有机会站上庄严的舞台，展现风采，感受能量和压力，开展诸如业绩、改善、技能等类型的竞赛活动。

在营造改善氛围的过程中，企业领导对活动的积极参与和对员工的由衷欣赏是关键。

为了推动精益活动持续向前发展，在 2～3 年的导入阶段之后，企业将精益推进部门升级为常设的经营革新部门是一个相当不错的做法。

**5. 活动形式与精益的关系**

活动形式是精益改善的载体，活用形式、丰富内容可以累积精益改善智慧。

在推动精益过程中，需要借助各种有效的形式，如红牌作战（问题票活动）、油漆作战、定点拍照、现场诊断、改善之旅、早会诵读等，以便对员工参与的改善活动实现强推动。活用这些被证明是有效的形式，对营造改善氛围、转变员工意识、统一团队意志具有重要的现实意义。

现实生活中，人们对形式主义深恶痛绝。在我们辅导企业导入精益的时候，有些企业领导明确提出，不要搞各种形式的东西，只要手把手教导员工解决问题的工具、方法就好了。抱此想法的人，错在把形式和形式主义画上了等号。其实，形式和形式主义是两码事，在管理实践中，为了获得四两拨千斤的效果，就不得不借助一些有效的形式，并且始终追求形式和内容的统一。

比如为了让员工在现场及时发现并消除缺陷，领导可以口头或书面对员工提出要求。其结果是，很少有人会认真对待领导的要求，效果肯定大打折扣。相反，如果以"红牌作战"这种形式来规划、培训、动员、实施、总结和表彰"消除微缺陷"活动，就是另一番景象。在活动中，通过引导全体员工自主发现问题，并饶有兴趣地自己填写"红牌"或"问题票"，张贴于微缺陷处，既能够促成快速解决问题的行动，还有利于培养广大员工强烈的问题意识。

为了统一员工对精益管理的认识，培养员工正向改善思维，企业可以请老师来给员工讲解精益管理知识，一次不行就两次，两次不行就多次，但这样做既浪费人力、财力、物力，又不能获得期望的效果。如果能够要求全员（以部门或班组为单位）每天早会诵读《精益改善十原则》三遍，不出三个月，这些精益理念和改善思想就可以深入人心。

总之，我们在反对形式主义的同时，要学会借助良好的形式，为不断升级的精益改善活动服务。

## 五、为什么制度关不掉一盏灯

某企业有一个开放式的大办公室,有 200 人在一起办公。由于管理不到位,经常发生办公室的灯、空调彻夜未关的现象。最近,公司高层知道了此事,指示行政部必须强化管理,尽快解决问题。

为此,行政部想了许多办法。他们起初想到贴上一张"人走灯灭"的温馨提示,并在早会上强调了此事,效果不佳;后来,行政部发出了言辞恳切的通知,要求大家务必注意,效果也不好;再后来,行政部干脆出台了相关处罚措施,如抓到"犯人"罚款 100 元……

总之,他们期望通过制度进行管理,而这些制度一开始还能起到一定作用,但时间一长,往往不了了之。看得出来,因为每每采取措施之后效果总是不尽如人意,管理者往往会在制度建设上不断加大力度,结果是制度加码、管理复杂、员工抵触、效果不好。

类似的问题也发生在酒店。某酒店员工开动脑筋，想出了一个两全其美的办法来：房间钥匙既可以开门，还可以插卡取电，客人离开的时候取走钥匙，电源立即被切断。酒店的这个联动方法是防呆机制的一种。它源于智慧，优于制度，管理简单，效果良好。

针对同一个问题，有一家公司的员工想出了另一个办法：他们在办公室大门的门楣上方悬挂了一个卡通画，只要一锁门，卡通画会掉下来，上面写着"你关灯了吗"，这也属于机制的范畴，是纠错机制的一种（提醒关门人纠正可能的错误）。

制度固然重要，但机制比制度更重要，更可靠。所以，管理者务必充分认识机制的力量，活用各种机制，把管理做简单，改善管理效果。大到国家或社会管理，小到企业或家庭管理，都要善用机制的力量。

什么是机制呢？就是一种牵一发而动全身的结构化方法，它会对管理对象产生远大于制度的约束力。根据约束力大小，机制可分为硬机制、强机制、弱机制三种。顾名思义，硬机制产生硬约束，强机制产生强约束，弱机制产生弱约束。在具体管理实践中，各种机制并不是完全等同于三者之一，而是更多地介于三者之间。下面用几个例子进行说明。

在一家企业，为了防止员工在装配机器过程中漏装螺丝（**最容易犯的错误**），人们提出了几种机制：第一种，在数个螺丝盒上安装感应器和蜂鸣器，只要作业者未按规定顺序从螺丝盒中拿取螺丝，蜂鸣器就会报警；第二种，设计了一只有数个手指的机械手，手指末端装有只能吸起一颗螺丝的磁铁，每个装配节拍开始的时候，机械手会自动吸起规定数目的螺丝，操作者只要把机械手上的螺丝装完就行；第三种，事先把每台机器所用螺丝分别配送到不同工位上，各个工位作业者只要把配好的螺丝装完即可。虽然以上三种机制的约束力不同，但是都能不同程度地减少员工犯错的机会。试想，如果有人试图以诸如"每漏装一颗螺丝罚款100元"这样的制度来解决问题，是多么可笑。

在一家生产复印机的工厂里，复印机侧面需要安装一个散热排风扇，这个风扇一旦装反了，就会导致机器过热而损坏。由于是流水线作业，作业者长时间重复劳动，一不留神就可能出错。后来主管要求作业者增加检查环节，即装完后用手试一下风向，即便如此，还有装反的可能。为了解决这个难题，最彻底的办法是，修改排风扇正反两面的结构（**更改模具即可办到**），使得排风扇从反向无法安装。但是由于更改模具需要投入一笔不小的资金，工厂一时还下不了决心。后来，作业者开动脑筋想出一个办法解决了问题，即在排风扇旁边装一个风筒，风筒的另一端装上一个纸质小风车，如果装配正确排风扇就会正常排风，风车就会不停旋转。如果发现风车不转，就要及时进行检查，要么排风扇装反了，要么风车坏了。

可以发现，借助制度的管理通常都是事后实现的，这样的管理不仅效果不佳，而且失败成本和管理成本较高。而善用机制的管理通常都是事前实现的，防患于未然，不但管理效果好，而且简单、高效且人性化。

## 六、管理为什么要以现场为中心

**1. 何谓"组织的浪费"**

精益是一个持续消除浪费的过程。关于浪费，人们经常用两句话来表达：一句是"不创造价值的工作是浪费"；另一句是"即便是创造价值的工作，但所用资源超过绝对最少的界限，也是浪费"。

以这两个基准来衡量，人们发现企业管理过程中浪费无处不在，归纳起来共有八大浪费，即等待浪费、搬运浪费、不良浪费、动作浪费、加工浪费、库存浪费、制造过多（过早）浪费、管理浪费，其中前七大浪费由丰田指出，管理浪费是人们后来加上去的。

为了让管理者更清晰地认清企业组织的问题，明确自己的责任和使命，有必要特别把"组织的浪费"提取出来进行认知。

如果我们问，企业内哪几个部门在创造价值？回答肯定会是研发部门、生产部门和销售部门，这些创造价值的部门通常被称为直接部门。而其他部门并不直接创造价值，所以常常被称为辅助部门或间接部门。对照上述定义浪费的基准，所有这些辅助部门都应该是"浪费"，这就是"组织的浪费"。

从企业组织效率上看，如果能够缩小甚至去除这些辅助部门，只留下高效运营的三个价值部门，那是最理想不过的。而事实是，这种理想的组织形态在绝大多数企业里是不存在的。即便如此，作为一名拥有精益思维的管理者要自始至终以这个理想状态作为追求的方向，并从（客户）价值的角度出发，思考组织效率和组织责任问题。

如果进一步问，在研发、生产和销售三个价值部门里，又是哪些人在创造价值？不用说，是那些工作在第一线的员工，比如负责制图或试制产品的研发、设计人员，直接加工或装配产品的作业者，直接和客户打交道的销售或服务人员。那些在研发、生产和销售一线打拼的员工才是创造价值的主体。

不直接创造价值的人是那些不在一线工作的人，一般由两部分构成：一部分是各级管理者，另一部分是在办公室从事事务性工作的职员，如人事、行政、财务、采购、宣传等部门的员工。不管这两部分人如何努力工作，他们并不能直接为企业带来收益。从理论上讲，这两部分人也都是"浪费"。

这样说并不是要否认管理者、辅助部门等非一线员工的作用，而是想让企业各级管理者和间接部门员工认识到，自己并不能直接创造价值，自己存在的意义在于用心为那些直接创造价值的一线人员提供一切需要的支持和服务。

**2. 以现场为中心的重要意义**

关于"组织的浪费"和"非一线人员是浪费"的认知非常重要。有了这样两个认知，企业就不会在管理中走偏，就能够理解以现场为中心的重要意义，进而学会并养成自觉关注现场、服务现场的好习惯。

第一，一线员工的时间很宝贵，所以管理要以现场为中心。一线员工每浪费一秒，就会失去一秒创造利润的机会。相反，管理者和间接部门员工即便休息几天，也不会对公司经营业绩造成直接影响。

所以，管理者和间接部门员工所要做的是，尽可能做好物料采购、物流配送、设备维护、工艺改良、动力保障和后勤服务等工作，创造一切条件，保障一线员工的工作不停顿、不浪费，让一线员工每一分、每一秒都用来创造价值。

第二，一线员工的状态很重要，所以管理要以现场为中心。一线员工是设计、生产、销售产品和向客户提供服务的主体，他们的工作状态直接影响工作的效率、产品的质量、订单的交付和客户的感受。

所以，企业管理者和间接部门员工要始终以现场为中心，设法为一线员工创造愉悦、快乐的工作软、硬环境。设法做到让一线员工心情舒畅，并始终保持高昂斗志（士气），不仅可以提高工作效率，做出更好的产品，还会带给客户美好的体验，帮助企业开源节流。

第三，一线员工的智慧很重要，所以管理要以现场为中心。若在创造价值的现场出了问题，比如遇到设备故障、加工不良、作业延迟等问题，创造价值的过程就会随之停止，这就等于浪费。如果一线员工不能及时解决现场问题，那么这些问题就需要事后由管理者或职员带离现场加以解决。

问题发生之后放置的时间越长，分析问题和找到问题发生原因的难度就越高，解决问题所耗费的时间就会越长，而且解决问题的地点离现场越远，答案就越容易偏离实际。

所以，比事后解决问题更有效的做法，是管理者和间接部门职员要以现场为中心，关注员工，引导和激发员工主动发现问题、动脑筋想办法及时解决问题，快速提升他们的意识和能力。

在许多企业里，经常发生这样的情况：管理者和间接部门员工（*以职员为主*）总觉得自己的学历比一线员工高，能力比一线员工强，甚至利用手中的资源掌控权以制度的名义给创造价值的部门和一线员工设置障碍，其结果是阻碍人们创造价值。

比如员工想做某项改进，需要购买一个小备件，申请购买时却得不到审批，极大地伤害了一线员工参与改善的积极性……

在这些企业里，我们要特别强调"管理以现场为中心"的重要意义，并从最高领导开始，身体力行地践行"以现场为中心"的原则，并逐步形成管理者和间接部门员工关注现场和积极服务现场（一线员工）的良好管理风尚。

## 七、精益管理中，要警惕错误的降本策略

我有机会接触了大量中小制造企业的领导者，他们中的不少遭遇了利润率不断收窄的困境。我认为，作为后来的竞争者，模仿标杆企业的做法无可厚非。可是，他们中的许多人在精益的名义下，采取了低价的竞争策略，使得自己的路越走越窄。

首先，要警惕没有原则的恶性价格竞争。许多中小制造企业经营者并不懂得在规模弱小的时候，无论如何都要把质量和服务做好（差异化）的道理。没有好的质量和服务作支撑，只想靠低价策略打入市场，追求规模，即便有短暂的生意，但一定不会长久。

当然，在互联网时代，有人认为通过拥有海量资金来赢得客户的成功案例比比皆是。但是千万要注意，没有质量和服务支撑，客户体验不好，终究是留不住客户的。再说，如今中小制造企业难有海量资金支持，留给经营者的时间不会太多。

其次，要警惕片面追求节流降本。企业规模弱小的时候，开

源（做大规模）要比节流（降低成本）更重要。规模大的企业，其销售额可以靠团队、靠品牌、靠渠道、靠老客户等实现惯性增长，老板花精力于内部精益降本通常会带来好的效果，实现利润增长。但中小企业老板必须身体力行，以精益思维做好品质，做细服务，做大销售，在开源上下足功夫。我经常提醒一些心存幻想的经营者，当你自己都卖不动的时候，千万不要期望招几个业务员就能把销售做上去。所以在规模小的时候，老板一定要深入研究和对接市场，成为企业最好、最大的业务员。

最后，要警惕被看似正确、实则错误的降低成本所伤害。企业老板要清楚地懂得，降低成本有时候是把双刃剑，既可以帮助企业，也可能伤害企业。在精益成为业界热门的时候，做精益的所谓"专家""顾问"也是鱼龙混杂，泥沙俱下。有许多人误以为精益就是降低成本。在这种错误思维的影响下，许多企业早已经误入降低成本的误区，影响可持续发展。

有这样的企业，为了降低成本，老板要求采购部门每下一个采购订单都要货比三家。这不仅让采购工作效率下降，提高了交易成本，还造成零部件交货延迟，直接影响生产和效率。更意想不到的是，最后搞得供应商对采购部的查询爱理不理，大多不愿意继续与之做生意，严重影响企业信誉。正确的做法是，以双赢思维与供应商建立长期友好的合作关系，以更紧密的联动来共同应对日益激烈的市场竞争。

也有这样的企业，在员工福利及环境建设方面放弃追求，以致员工在工作上、生活上越来越没有自尊。有一家企业，在老板勤俭节约的号召下，行政部节减开支，该换的碗筷不换，该修的地面不修，该刷的墙面不刷，就连厕所的厕纸也没有了。正确的做法是，顺应社会潮流，不抱怨不抵触，动员员工一起，想方设法快速做大规模或通过提高人均产出来适应人工成本的上升。

还有的企业，经营近20年了，规模不小，但其内部配套的模具厂却简陋得像作坊，火花机没有，加工中心没有，精密加工设备全无。问为什么会这样？答复是，为了利润最大化，必须降低成本，不到万不得已不买设备。这种杀鸡取卵式的降本做法十分短视，是没有战略眼光的表现。正确的做法是，从战略高度出发，以预算的形式确认那些必须保障的投入，比如产品和技术研发、设备和工艺更新改造、员工培养及品牌营销等诸项费用。

以上几种降低成本的策略、方法和行动，不但不能给企业带来持久的盈利，甚至会伤害企业的开源增效和可持续发展。也就是说，那些有可能伤害到"开源增效"和"可持续发展"的降本行为一定要慎之又慎，企业领导者千万要警惕，不能盲目行事。

## 八、数字化建设如何少走弯路

所谓工业4.0，就是一种高度灵活的数字化和智能化生产方式。工业4.0主要包括三大主体内容：一是"智能工厂"，重点研究智能化生产系统和过程，以及网络化连接生产设施的实现；二是"智能生产"，主要涉及整个生产物流管理、人机互动及3D技术应用等；三是"智能物流"，主要通过互联网、物联网、物流网，整合物流资源，充分发挥物流供方效率，对物流需求方提供强大服务支持。

在国家制造大战略的鼓舞下，国内已有很多企业开始尝试工业自动化及工业4.0的技术开发和产品布局，以图在未来中国制造逐步走向工业4.0的升级改造中获得商业机会。工业4.0离中国制造并不遥远，德国制造能办到的事，中国制造也能办到。但就中国大量的制造型企业，特别是中小企业来说，管理现状依然停留在1.5、2.0的水平上，工业4.0还是一个模糊的和不确定的未来。

企业走向工业4.0，需要逐步进行精益化、自动化、数字化三化合一，逐步实现智能化的目标。而精益化是走向智能化的基础工程，将伴随企业走向4.0的整个进程。可见，工业4.0是目标，精益化既是走向4.0的手段，又是一个持续的过程。我认为，中国部分制造企业停止了进化，或者进化得太慢，以致生存出现问题。如何做到快速进化，契合企业生存的需要？答案是走精益之路，即开始拥有精益思维，积极采取精益行动。

精益到底能够让企业收获哪些价值呢？通常的理解是，精益能够帮助企业改善品质、提高效率、降低成本等，获得更高的收益。根据我的经验，精益能够让企业收获更多，工业4.0不能没有精益。

第一，精益可以收获现场和员工向好。我们公司是专业做精益辅导的，发现部分企业内部依然是一潭死水，生产与管理在低水平恶性循环，却找不到跳出这个循环的出口。即便有些企业领导想要改变，却苦于无法突破团队惰性的阻碍。一段时间以来，人们以为培训可以促使员工改变，但事实表明，员工对培训的态度是得过且过，转化率太低。我们的经验是，企业领导要虚心学习精益思想，并以强大的领导力为依托导入精益改善活动，引导员工从身边能做的小改善、微改善开始做起，比如调整布局、整理整顿和清扫清洁等，并在收获现场（向好）变化的同时，让员工在"变"中体会"变"的好处，突破自我设限，树立起进一步改善的兴趣和信心。企业要从1.0、2.0向3.0、4.0进化，战胜企业文化中的惰性十分重要。

第二，精益可以收获团队意识和能力提升。在员工获得进一步改善的兴趣和信心之后，企业要因势利导，及时把员工的注意力引向设备改善、品质改良、效率提升和成本降低等多个方面。

都说兴趣是最好的老师，在员工产生兴趣的时候，对他们进行有针对性的精益思想、精益技术和方法等的培训与辅导，将收到事半功倍的效果。而且，改善实践本身又是最好的学习和训练，引导全员持续参与精益改善实践，不仅可以收获大量改善成果，更重要的是可以收获意识和能力上的提升。全员有了好的意识和能力，企业走向工业 4.0 的过程将更具效率。事实证明，精益能够唤起员工的创新激情，大量的改善会指向工序智能化和局部自动化，为智能化生产和智能化工厂建设打下良好的基础。

第三，精益可以收获管理和作业的规范化和标准化。工业 4.0 中的自动化、智慧化和智能化很大程度上有赖于管理和作业的规范化和标准化。有一家上市企业计划投入一大笔资金进行自动化改造，期望实现产品装配生产线的自动化，以节省或替代大量的人力。自动化专家通过调研发现，其产品结构设计及工艺规范上存在诸多问题，以致于绝大多数装配作业无法标准化，作业位置很难固定，作业结果也不能明确定义，总之需要操作工人在作业中凭经验敲敲打打，随机调整。专家的结论是生产线缺乏标准作业和作业标准，无法实现自动化。要走向工业 4.0，这家企业需要借助精益，对研发、工艺、生产和检查等所有环节进行优化改良，使得产品结构合理、工艺规范、动作固定、结果一致，从而全面提升作业标准化能力水平。

第四，精益可以收获机制和文化建设成就，培育企业变革基因。培育企业变革基因是企业走向工业 4.0 的重要保障，是企业保持基业长青的重要法宝。通过导入和持续推进精益，可以逐步固化员工参与改善的多项管理机制，比如员工改善提案管理机制、班组自主改善管理机制、焦点课题改善管理机制等。持续运营这些管理机制，可以保障员工全面参与改善，让精益改善融入日常工作。通过营造浓厚的精益改善氛围，可以激发员工参与改善的兴趣，收获荣誉感和成就感，让员工在精益改善中快乐成长。

第五，精益可以获得高收益。毫无疑问，精益在收获前面四大成果的基础上，一定能够获得大量可核算的财务效果。企业走向工业4.0，需要在软硬件上进行投资，所以工业4.0需要精益。

总之，精益不仅可以让企业活下来，而且是优雅地活下来；精益也可以让企业比对手更高效地实现自动化、智慧化（信息化的高级形式）和智能化等"三化"建设；精益还可以为"三化"建设提供资金和文化支持。在企业走向工业4.0的道路上，精益是基础，是过程，始终不能缺席。

## 九、质量管理"三不原则"与安灯系统

有一位企业家朋友告诉我,他最近在网上听到一个观点觉得很受用:质量管理一定要遵循"三不原则",只要做到了,质量管理就成功了。

所谓"三不原则",指的是不接收不良品、不做不良品、不流出不良品。这三句话听上去确实说到了点子上,是质量管理中的经典思想。接下来我问他:"发表观点的老师有没有具体说明,怎样才能履行'三不原则'?你是否能够让'三不原则'落地?"这位朋友告诉我,老师没有说,自己也不会。

现实中,企业有太多的学习,都停留在"老师讲得很有道理"的层面上,与落地实践之间相差十万八千里。

今天,我就和大家讲一讲怎样把质量管理中的"三不原则"落地为员工的行动。

第一,不接收不良品,需要营造一个敢于暴露问题的环境条件。具体地说,就是引导鼓励后工序员工把前工序犯的错找出来。

要让这个愿望无阻力落地，就要在制度设计上进行改进：给发现错误的人加分，引导犯错的人和找错的人协同，进行防错纠错改善，改善成功后予以奖励。

第二，不做不良品，要引导所有员工进行预防改善，可行的办法是通过研发、工艺、生产等各个阶段，进行防错、纠错改善，杜绝质量问题的发生。

第三，不流出不良品，重要一点是让生产线员工拥有停机、停线的权力。

尽管企业力争不做不良品，但现实是，工序中依然会出现各种各样的质量问题。每当这个时候，作业者都会进行应急处理。当作业者认为自己无法在节拍内把不良处置完毕，就可以拉响警报请求管理者支援，或者直接按下生产线停止键，然后由管理者或技术人员一起到现场解决问题，尽快恢复生产线运行。

丰田的安灯系统就是为了实现质量管理中的"三不原则"而发明出来的。

到过丰田汽车总装车间，或者学习过TPS的朋友都知道，丰田在装配车间所有工位的上方都安装了两个灯泡，在作业者面前设置两个小按钮。只要作业者一按小按钮，工位上方的灯泡就会亮起来，而且伴随着特定的报警声或音乐声。

大家都知道，汽车装配用的都是大厂房。在一间敞亮直通的大厂房里，只要灯泡一亮，报警声一响，所有人都能听到、看到，冲击力非常强。这个灯泡及其相应的运营办法就叫安灯系统。使用安灯系统有两个目的：一个是每一道工序发生的问题要在本工序完结，另一个是防止不良品流入下一道工序。

安灯系统有两个重要约定。

第一个约定是：在装配作业中，如果遇到困难，或者发现质量有问题，工位员工可以进行自主判断，决定是否点亮安灯，甚至强行停下生产线。如果员工认为只要有人支援就可以在节拍内把问题处理完结的，就按下黄色按钮，黄色安灯亮。如果员工认为再怎么努力，节拍内问题也无法处理完结的，就可以按下红色按钮，红色安灯亮。红色安灯亮的时候，生产线就会被强行停止。

第二条约定是：安灯亮和报警声响起等同于应急命令。每当这个时候，拉长、主管、品质部门及技术部门的人员必须立刻移动至安灯点亮和报警的工位，紧急会诊，研究对策，并以最快速度解决问题，灭掉安灯，让流水线恢复正常运转。

这两条约定在丰田早已是约定俗成的规定动作，执行得很到位。

大家一定会问，安灯系统在丰田用得很好，而许多企业却用不好，这是为什么？原因是安灯系统的高效运行需要以下几个基本条件。

第一，安灯系统要求把生产线停线的权力直接交给装配线上的员工。即便造成停线损失，也在所不惜。

第二，企业领导要以博大胸怀包容员工犯错，营造暴露问题的氛围和条件，激励并培养员工主动发现问题的好习惯。

第三，安灯系统要求团队要有快速反应、协同的意识，更要有快速解决质量、工艺和设备等问题的能力，以便及时灭掉安灯，让生产线恢复运行。

这三个方面相辅相成，是一个有机的整体，需要在长期的精益管理实践中不断磨炼，持续改进。安灯系统的有效运营需要精益持续改善文化的支撑。否则，安灯系统就是一套没有神韵的道具，注定会成为摆设，吃力不讨好。

## 十、管理者如何做到管得有效，活得从容

　　管理者如何把一天活出三天的价值和效果？我的方法是，永远只做最重要的事情。讲时间管理的老师都会说，先做重要且紧急的事情，然后做重要但不紧急的事情。但是，什么是重要的事情？需要一个人拥有正确的价值判断，否则就会犯错误。而正确的价值判断来源于一个重要的精益思维，即预防策略。

　　时间管理中的预防策略是指真正能够提高效率的办法，不是简单拉长一天里的工作时间，也不是提高每一天的工作效率，而是认真思考真正重要但不紧急的事情，并且高效地做好这些事情，让重要且紧急的事情少发生，或者不发生。

　　在忙碌之中，你一定要搞清楚，到底哪些工作最值得用心去做。

　　一方面，重要且紧急的事情要马上去做。比如，出货延迟要积极对应、客户抱怨要马上回复、工伤事故要快速处理、关键设备故障要及时修复，这些都是兵临城下、火烧眉毛的重要事情。

关于这一点，绝大多数管理者都会主动或被动去面对，去做灭火的工作。

另一方面，重要但不紧急的事情，到底该怎么办？计划调度PMC的优化、设备状态保养、现场防错改善、生产周期缩短、安全隐患排除等都属于重要但不紧急的大事情。

我相信管理者都不否认这些工作的重要性。但是因为它不紧急，所以多数人都会把这些事情往后推一推。一推再推的后果很严重，直到火烧眉毛的时候才恍然大悟：本可以从容做好防火工作的，最后却陷入救火当中，不能自拔。

管理者一定要懂得，如果对重要但不紧急的事情放任不管的话，它慢慢就会演变成重要且紧急的事情。

所以，时间管理的核心就是，一定要想方设法把时间优先花在重要但不紧急的事情上面。只有坚持这样做，才有可能让重要且紧急的事情越来越少。

很显然，设备保全做得好，故障的次数就会变少；防错纠错改善做得好，客户投诉就会变少；安全隐患排除做得好，工伤事故就会变少；防火做得好，出生入死的救火也会变少。

当然，你还会遇到一些不重要但很紧急的事情，可以安排你的下属处理，既可以给下属锻炼机会，又可以让自己腾出时间。面对既不重要又不紧急的事情，你一定很忙，没有时间参与。比如，追剧、游戏、闲聊都要尽可能戒掉，除非这些事情对你来说是一种真正意义上的休息而已。

如果有一天，管理者能够有五成、六成甚至更多的时间，执着于预防管理和改善，就能够做到管得有效，活得从容，大幅度提高工作效率和生活质量。

131

## 十一、奖多罚少，企业错在哪里

有一家客户老总和我说："以前我一直认为，先贤说的'人之初，性本善'太理想化了。现实绝大多数员工不考核，不罚款，责任心不够。但是，推行精益之后，辅导老师们不罚、不骂，竟然把我的团队激活了，不少人开始研究、解决问题，工厂现场也发生了明显变化。所以，我对先贤的话又开始有信心了。"

分享了喜悦之后，这位老总开始了一通自我反省，还告诉我说："来见刘博士之前，让人力资源部做了一个统计，各种处罚条款有上百条之多。刘博士一直主张奖多罚少，所以可不可以发一个通告，废除这些罚款制度。"

听到这里，我感到很欣慰。因为，仅仅半年的精益辅导，就能够让这位老总看到人性的美，看到员工的可爱之处，很不容易。

针对是否要废除所有处罚条款的问题，我给予了否定的回答。

第一，处罚条款不用废除，既有的规章继续执行。原因在于，精益管理只辅导了半年，真正主动参与精益改善的员工还是少数，多数员工可能还在观望，或者被动跟随。在这种情况下，废除处罚条款有可能突然造成员工的防范意识松懈。两个因素叠加，有可能造成不良后果。

第二，应该继续在发动员工参与改善方面动脑筋，想办法，引导和激发员工从自身做起，从身边能做的改善做起，"知一行九"。"知一行九"的意思是说，把知道的知识转化为改善行动，并通过重复实践把知识转化为智慧，养成良好的改善习惯。等到多数员工都成为自律精进的人，处罚条款的作用就会逐步弱化。

第三，随着精益的深入推进，可以从企业文化建设的高度出发，优化奖罚制度。

真正优秀的奖罚制度应该是以下这样的。

一方面，调低改善奖励金额，降低改善门槛，促进全员参与，让奖励制度覆盖更多的人。如果能够把"无改善，不晋级"升级为一个重要的人才培养策略，那就再好不过了。

另一方面，把无意识差错从处罚对象清单里面去除，缩小处罚制度打击面，这样做既可以帮助员工养成敢于暴露问题、主动改善问题的好习惯，又可以让行为不端的员工成为制度惩处的极少数目标。

只要企业能坚持这样做，精益倡导的"奖多罚少"和积极向上的团队文化就将成为美好的现实。

# Chapter 4 如何做强中国制造业

## 一、何为管理密集型企业，它们有什么特点

过去的数十年里，世界性大规模的产业转移成就了中国制造业的巨大规模。但是，中国制造业在管理技术方面的提高和积累还相对滞后，以致于很多制造型企业习惯于通过挤压劳动力成本等低级手段来应对市场竞争，抗风险能力差是显而易见的。

我在长期的管理和顾问实践中，深知中国制造业在管理上的差距，并通过提出"管理密集"的新思想来揭示管理技术的重要意义，希望制造业的经营者和管理者真正从战略高度认识提升管理技术水平的重要性，并为之付出更多的努力。

众所周知，人们经常根据生产资源的属性和重要性来对产业或企业进行分析及分类。一些需要大量资金投入的产业，我们称之为"资金密集型产业"，比如钢铁制造业；一些需要投入高端技术或设备的产业，我们称之为"技术密集型产业"，比如IC（集成电路）制造业；一些需要投入大量劳动力的产业，我们称之为"劳动密集型产业"，比如制衣业；还有一些需要投入大量知识的产

业，我们称之为"知识密集型产业"，比如计算机软件开发行业。

但在现实中，我发现还有一类企业属于"管理密集型产业"，比如汽车和办公自动化（复印机、打印机）等行业就是典型。在过去的数十年里，日本经济整体萧条，但是唯有这几个行业继续在全球独领风骚。我在理光工作十年期间，长期研究丰田管理，深深地认识到"管理密集"成功的奥秘。当然，汽车和办公自动化等行业可能还属于技术和资金密集的范畴。

在进一步了解这些行业的特征时，我们发现这些产品大多是如"光机电一体化"的复杂系统，也可以时髦地称之为"系统工程"。子系统之间的协调配合不仅是高度的技术问题，还是复杂的管理问题。产品装配上的细微偏差可能造成整个系统的错误或崩溃。特别是汽车、办公自动化设备的使用条件非常特殊，它必须在运转中保障精度、速度和可靠性。

要理解"管理密集"的含义，还可以举一个极端的反例来说明。计算机应该属于"技术密集型"产品，但却属于非管理密集型产品，因为用户个人就可以把它组装完成，而不需要进行特别的管理。汽车和复印机等的组装就没有那么容易，如果没有严密的过程控制，就不可能有好的产品质量。

由于"管理密集型"产品的生产过程不易控制和难以复制，通常维持较高的产品售价。而非管理密集型产品却有一个致命的弱点，那就是生产过程非常容易复制，这就决定了这些产品在维持价格方面无能为力，像芯片、电脑这些看起来属于高度"技术密集型"的产品，其价格的下跌速度往往快得惊人。

丰田、本田、理光、佳能、富士施乐等日本企业的持续成功，通用、福特、美国施乐等企业的日益没落，都说明了一个道理，重视管理技术积累和精于制造管理的日本企业更能够在"管理密集型"行业里有所作为。

美国施乐和日本富士施乐的此消彼长就是一个绝妙生动的例子。美国施乐发明了复印技术，并成为办公自动化行业的鼻祖。在字典里，Xerox（施乐）已经是复印机的代名词，可是今天日本的富士施乐却通过优良的管理技术传承了施乐的产品和技术。

当然，更多企业的产品生产过程介于管理密集和非管理密集之间，但制造管理技术在提升企业竞争力方面发挥着重要作用。

## 二、如何提升制造管理技术水平

### 1. 认识管理水平的不足

我提出"管理密集"的概念,是希望引导企业经营者和管理者关注制造管理,重视制造管理技术,并着力提升制造管理技术水平。

在我看来,制造管理技术至少应该包括三个层面的内容。

第一个层面是管控技术,或者叫标准化管理技术。所谓管控技术就是控制 4M1E〔4M1E,是指人(Man)、机(Machine)、料(Material)、法(Method)、环(Environment)〕的一系列管理方法和技巧。比如员工训练和管理标准、机器设备保养和使用标准、材料选用和检查标准、作业方法和工艺规范、环境监控和维护标准等。中国企业在这方面做得还不够,缺乏有效和便于执行的内容作支撑。

第二个层面是改善提升技术,比如 IE、JIT、TPM 等。企业运用改善技术的目的就是不断寻找更好的控制 4M1E 的方法,以此提升产品和工作的品质,改善系统的成本和反应速度,持续优化系统的效率等。优秀的制造企业通常能够积极采用一系列务实有效的改善技术来提升企业管理水平。

第三个层面是动机激发技术，即营造革新改善氛围或文化的"艺术"。管理者或管理专家往往倾向于将管理技术理解为纯技术层面的东西，而把员工激励简单归结为人力资源部的任务。而我通过在世界500强的工作经验和长期的顾问工作经验得出，卓越企业的卓越之处在于其能够在管理技术层面思考员工激励的问题，即通过营造革新改善氛围来激发员工的改善动机，而不仅仅依靠金钱或待遇上的激励，因为金钱和待遇上的激励效果往往是不持久的。如果改善没有氛围，员工缺乏动机，纵有再好的管理工具，管理技术水平的提升也只能是管理者的一厢情愿。

**2. 提升管理技术的方法**

根据我的经验，提升制造管理技术水平需要从以下三个方面着手。

首先，企业高层需要实现管理思想和意识的彻底转变。管理者经常抱怨员工的责任心不强，比如出现不良产品，管理者往往先查找责任人，追究责任甚至处罚责任人；管理方法上也习惯于把焦点集中在人（态度和认真程度等）和工作的结果上，而对工作方法和技巧缺乏研究。正确的思想是，管理上出了问题，要从管理技术和保障方法上找问题、想办法。企业高层通过把这种思想向下传递给各级管理者，直至企业一线员工，统一对管理技术的正确认识。

其次，激发员工改善动机。在管理过程中，由于4M1E永远处于变动之中，因此工作结果出现波动和变异是必然的。重要的是，管理者要注意培养员工的问题意识，激发员工的改善动机，发掘员工的改善智慧。只要员工能够主动关注自己身边的问题，并积极动脑筋想办法做改善，工作结果的波动和变异就能够得到有效控制，管理水平就能够得到持续提升，管理技术也就能够得以积累。要做到这一点，经营管理者就必须设法根据人性的特点，构建员工参与改善（*不得不改善*）的机制，营造浓厚的改善氛围，最终形成变革改善的企业文化。

最后，学习改善方法。企业如果能营造出浓厚的改善氛围，员工的学习愿望将得到释放。这时候，企业适时向员工提供有针对性的学习机会，就能够快速提升员工认识问题和解决问题的能力。比如员工想解决效率提升问题的时候，企业可以设法向员工传授 IE 和 JIT 方法；员工在解决慢性品质问题的时候，企业可以设法传授 QC（Quality Control，*即质量控制*）工具分析方法等。这些有针对性的学习活动要比许多企业漫无目的地进行员工培训花费更少、收效更大，并且会对企业管理技术水平的提升起到积极的推动作用。

在高度竞争的今天（*我称之为后营销时代*），决定制造企业命运的将主要是制造管理技术本身，而不是人们从前所依靠的"金点子""牛策划"等。当然，提升制造管理技术水平绝不是一朝一夕的事情，而应该是企业长期追求的目标。

## 三、为什么许多"高新技术企业"难长久

不少高新技术企业的 CEO 向我抱怨:"经营企业实在太累了,不知何时才是尽头。"他们累的原因主要源于三个方面:一是产品售价降价快;二是生产装备更新快;三是资本要求高且急。更可怕的是,残酷竞争的结果往往是"胜者为王,败者为寇",后者全面颠覆前者。

就拿手机制造业来说,前有最结实的诺基亚被"颠覆",后有时尚的摩托罗拉被"消灭",现有三星呈现颓势,苹果也大有被华为赶超之势。这类颠覆和被颠覆的故事在其他高新技术行业里不断上演着,如电脑制造业、LED 产业、光伏产业等。人们不禁要问,为什么高新技术企业难以做到基业长青呢?

要回答这个问题,首先需要理解两个关键词。

一是核心技术,即难以复制甚至无法复制的技术元素。一般有两大类:一类是嵌入产品的技术或部件,比如电脑、手机产业中的芯片;另一类是制造产品过程中所用的工艺技术或装备,比

如光伏产业里的多晶硅生产技术、液晶面板生产装备等。

二是我提出的"管理密集",即产品的设计开发和生产加工过程管理难度较大,大到可以通过做好管理就能筑起竞争壁垒的程度,如汽车制造、复印机制造等。

我们发现绝大多数被称为"高新技术企业"的企业并没有属于自己的核心技术,且管理难度不大,只要花钱购买关键元器件和关键生产装备,就可以比较简单地加工或装配出所谓的高新技术产品。其结果是,在资金充沛的国内市场,加上政府和资本市场(股市)的推波助澜,这类产业往往发展迅速,而且无一例外地出现产能严重过剩和价格恶性竞争的局面,造成社会资源的极大浪费。

鉴于此,我认为有必要澄清一个事实,即这类企业并不是真正意义上的高新技术企业,而是伪高新技术企业,而伪高新技术企业通常很难基业长青。

企业要想走上基业长青的道路,就必须在以下三个方面有所作为。

第一,研发属于自己的核心技术,这是一项长期而艰巨的工作,需要企业家具有高度使命感,并为此积极付出。(如华为等)

第二,快速提升精细化管理水平,以管理筑起超越对手的竞争壁垒。(如丰田等)

第三,积极整合行业资源和市场资源,把伪高新技术做成传统产业,在市场占有率方面获取独占地位。(如联想等)

在最后,我还要特别指出的是,传统产业不一定就是落后产业。许多的传统产业(高能耗、高污染的产业除外)过去是、现在是、将来还应该是中国经济的脊梁,千万不能妄自菲薄。

## 四、只要用心做，传统产业更能基业长青

我有一位四川绵阳的企业家朋友胡董，他的企业是做印染的，属于典型的传统产业。自我们认识以来，他就开始探索精益之路，看得出来，他把传统产业做得有滋有味、有声有色。他为人谦虚低调、做事执着。

某日，我来到他经营的企业，并和他及其高管团队成员面对面交流。在几个小时里，我们谈了许多关于战略、精益、人力资源及企业文化建设等方面的话题，气氛轻松愉快，谈话中迸发出了许多智慧的火花。

胡董十分虚心好学，一有机会就出去学习，在当地是出了名的。团队核心成员甚至担心CEO"太好学"，会不会在各个流派思想影响下失去自己的思考。好在胡董不像许多民营企业的CEO那样听风就是雨，把管理时尚当成灵丹妙药，听到什么都想试一试，变着花样折腾员工。胡董颇有定力，经过数年的学习吸收和比较分析，确信精益管理是企业不断走向卓越的不二法门。在他

的影响和推动下，团队学习氛围浓厚，对精益管理思想如饥似渴。据说，我的博客和杂志专栏文章，他们是每篇必读，还写读书笔记。尽管管理层高学历者寥寥无几，但他们对精益管理思想认真学习和积极实践的态度令我感到十分欣慰，比起许多高学历的管理者，他们对精益管理的认知毫不逊色。

关于企业战略和产业转型的话题，胡董的态度表现得十分鲜明。他坚持只做自己的本行——把印染做好、做精、做干净（环保）。在我看来这是他对企业战略（**行业选择：印染**）和经营战略（**三大竞争策略：好、精、净的追求**）的最好表述。在当下社会，这样的价值坚守十分不易。

关于企业目标与精益管理，胡董也有清醒的认识。他的企业主要做军人迷彩服和职业工装布料的印染业务，他的经营目标是：让全世界军人都穿上本企业印染的军服。这样的目标表述朴实无华、易于理解，展厅中展示着多国士兵身着迷彩服的模型和照片，也印证了这家企业的目标和理想。

在胡董的推动下，精益管理已经从理念逐步转化为管理者和员工的行动，并开始有了收获，其中最大的改进莫过于对行业传统生产流程的一次颠覆。他通过设备和工艺改良，把"前处理、染色、后处理"三个截然分开的工段串联起来，实现了一体化连续生产，不仅提高了生产效率，还极大地简化了管理，降低了员工的劳动强度。在交流中我发现，胡董团队成员的共同特点就是学习精益管理的态度端正，并已经体会到精益不仅关乎企业发展，还与员工个人成长密切相关。

关于企业文化建设，胡董表示，员工就是兄弟姐妹，自己是老大哥。他为了员工的成长和家庭幸福动各种脑筋，并身体力行，软硬兼施，采取各种办法，让员工养成良好习惯。经过长期坚持，逐步形成了和谐温馨的家一般的企业文化。

有几个事例颇具说服力。

第一，工作之余有规范必修的体育运动：早上6点到7点是打太极拳的时间，花钱请当地学校体育老师领操；晚上下班后有数十分钟的球类运动时间。现在员工们已经养成了习惯，感觉不做操、不打球浑身不舒服。可是刚开始的时候，大家并不领情。胡董没有办法，只能守在宿舍门口催促，甚至写入人事规定强制要求员工参与，用胡董的话说，对员工好的就可以强制。

第二，要求员工戒烟，具体办法是："强制"抽烟员工填写戒烟申请书，然后请求员工的家属在申请书上签字见证，并负责监督，几年执行下来，再顽固的"烟枪"都乖乖缴了械，这件事深受员工家属欢迎。

第三，企业食堂因为规模所限实施分批就餐，企业的安排是：优先一线员工，然后才是间接员工和管理者，胡董自己也排队打饭。

因为有正确管理理念的引领和强大企业文化的支撑，企业管理变得相对简单，平时看上去没有威严的胡董不但收获了员工的尊重，而且对管理也是驾轻就熟。

胡董最后总结道："我们企业近几年一直是当地纳税大户；员工福利待遇在当地是中上游，工作体面，稳定性好；因为质量稳定和环保做得好，企业坚持现款现货，客户订单还是持续增长……"

可见，只要用心做，传统产业更能基业长青。

## 五、制造企业如何走出亏损泥潭

我和一位非常成功的企业家朋友交流。他谈到企业当前面临的日益严峻的经营形势：销售增长放缓甚至负增长，劳务费用等成本持续上涨，原来利润可观，后来却历史性地出现了亏损，下一步到底该怎么办？交流到此我发现，这位朋友提出了一个非常紧迫的命题，即后增长时代，中国制造的出路何在？企业应该采取怎样的生存和发展策略呢？

企业首先需要搞清楚的是，为什么中国制造企业面对销售增长放缓或负增长时，会马上出现亏损？过去四十多年，中国制造企业抓住了难得的机遇，收获了规模上的高速成长。但与此同时，企业慢慢习惯了"高投入、高增长及粗放管理"的发展模式。在增长速度足够高的条件下，正所谓"一高"遮"百丑"，即高增长掩盖了低效、高投入及粗放管理带来的种种问题，一旦增速下滑甚至负增长，那么企业经营上的各种问题就会集中爆发，最终出现利润急剧下降甚至亏损的局面。

过去数十年高速发展期间，中国制造企业享受了世界产业转移机遇和巨大的人口红利（*超低劳动力成本*），没有经过大风大浪的洗礼，经营体质脆弱，即粗放管理把企业经营的盈亏平衡点推得高高的，因此造成的盈利能力差是根本问题。

那么，中国制造企业的出路何在？我认为，唯有快速革新企业管理模式，改善企业经营体质，提升持续盈利能力。那么，该采取怎样的生存和发展策略呢？具体需要从短期和长远两个层面进行思考和实践。

从短期考虑，策略重点应该放在节流改善上，尽快降低企业盈亏平衡点，扭转企业盈利能力低下或亏损的局面。降低企业盈亏平衡点可以从三个主要方面入手。

第一，严格控制土地、厂房和设备等硬件投资，降低固定成本支出。长期以来，企业家在扩张土地、厂房及设备规模等方面是缺乏规划甚至是无节制的，造成固定成本支出居高不下。

第二，减少冗员，特别是非价值部门，在保障员工个人收入增长的同时，着力降低劳务费占销售额的比值。在国内劳动力相对紧缺的今天，做好这件事并不难，一般只要严格限制辞职补缺就可以办到。

第三，通过针对性的课题改善，有重点地减少各项成本支出，如原材料成本、营销费用和管理费用等，提高利润率水平。

当然，所有这些努力都不应该以降低产品品质和服务质量为代价。

着眼于长远，策略重点应该放在开源经营上，即在提高销售规模和产品附加值上下功夫，大幅度提升企业盈利能力。那么该如何开源呢？

第一，通过提升创新研发能力，提高产品毛利率。创新研发是影响产品竞争力和利润率的因素，没有研发就没有未来。

第二，有策略、有计划地进行信誉累积和品牌建设。品牌建设不仅仅是指有一个叫得响的名字，也不仅仅是指借助媒体宣传得来的知名度，更重要的是，通过一流的产品、服务和诚信经营，累积企业信用和品牌美誉度。

第三，创新销售模式，持续扩大市场占有率，促进产业聚集，实现规模效益。

第四，营造浓厚的学习和改善氛围，培育生生不息的精益改善文化，全员参与，持续改善企业经营管理的各个方面。

当然，有人提出，中国制造企业除了尽快升级经营管理之外，还可以考虑走转型之路。但实践表明，转型要比升级难得多，需要具备更多的主、客观条件。

## 六、工匠精神是"药"还是"毒"

近年来,有两个矛盾的现象让人们看不透。

一是当今社会一些企业追求"短、平、快"的投机意识太强,忽略了认真打磨产品的精神和耐心。随着社会消费水平的不断提升,消费者对产品或服务提出了更高的要求。

可见,作为供给侧主体的中国制造企业务必走出浮躁,潜心研究并认真打磨自己的产品,把精益求精的工匠精神注入产品,设法满足群众不断提高的需求。因此工匠精神是"药",对于打磨好产品十分重要,中国企业要好好学习。

二是不断有日本大企业传出经营困难的声音:夏普连年亏损,被富士康收购;东芝亏损严重并财务造假,已经到了以变卖家产为生的程度;松下、尼康和索尼等都遭遇了不同程度的经营困难。这些工匠精神突出的日本百年老店在走下坡路,而与此形成对照的是,美的、格力、创维和海尔等中国企业蒸蒸日上,这和上面得出的结论正好相反。

此时，有人放声疾呼：工匠精神是"毒"，中国企业应该敬而远之，无须学习。

那么，在"中国人灵活（随性），生意做得好"和"日本人严谨（古板），产品做得精"之间，如果只能二选一，确实很难。

当然，社会今天倡导学习工匠精神，最美好的愿望应该是：既要保持"生意做得好"，还能学到"产品做得精"，即汲取工匠精神中的有益养分，优化自己。

我认为，工匠精神确实是"药"，但"是药三分毒"。中国企业缺少工匠精神，所以补充工匠精神有益；但日本企业工匠精神泛滥，加补工匠精神"有毒有害"。

**1. 工匠精神与商战战略思维短板**

在模拟技术时代，产品和工艺上精益求精的工匠精神也许是制胜的关键。而在数码技术时代，商业模式创新和商战战略思维显然要比产品和工艺上的精益求精更重要。

但凡有工匠精神者，往往缺失商战战略思维。

曾几何时，日本索尼公司以其高超的工匠精神，在产品和技术上不断创新，引领市场数十年，成就了日本制造传奇。可是到了后来，索尼越来越力不从心，输给了一个又一个对手，问题大概出在商战战略思维上。

夏普经过百年沉淀，具有丰厚的知识和技术积累，但却经营困难。后来夏普被兼并后只用了半年多的时间就扭亏为盈，肯定不是依靠工匠精神，而是在商战战略上动了"大手术"。

丰田是一家优秀的企业，但由于在商战思维和战略布局上存在不足，其在中国的销量还不及大众的一半。

优秀如丰田、索尼、夏普等企业都有商战战略思维短板，那么千千万万家日本中小企业就更缺乏商业智慧了。所以，日本企业被中国企业赶超应该只是时间问题。

越是伟大的工匠，越是两耳不闻窗外事。有日本友人问我："日本该如何改变现状？"我告诉他："日本最该做的事是学中国搞'双创'，鼓励民众创业、创新。"

**2. 工匠精神与反应速度迟缓**

在一家工匠精神突出的企业里，人们可以在工作上精益求精，在产品质量上追求极致，并愿意为此付出长期的努力。但在当今社会，产业和技术发展日新月异，企业间的竞争节奏加快，速度有可能成为企业生存发展制胜的关键。

遇事研究研究，决策慢慢腾腾，工作慢条斯理的行事风格早已不合时宜。

下面是一个"快鱼"吃"慢鱼"的小故事，可以给企业很好的启示。

某市中心有两家快餐店，A店在菜品和服务上精益求精，颇有些工匠精神；B店采取模仿跟进策略。

A店生意很好，每天中午等待就餐的队伍有30多米长。B店生意稍逊色，但队伍也有10多米长。A店排队的人比B店多，足见A店的菜品质量和服务有优势。之所以B店也有人排队，说明在排队时间和菜品质量上做出妥协（为了快点吃上饭，菜品稍差也罢）的客人不在少数。

头脑灵活的B店CEO通过进一步学习研究，终于发现了一个比A店更赚钱的方法，那就是极大地提高翻台速度。

假如菜品价格相同，翻台速度比A店快20%，那么B店的销售收入就可能比A店多出近20%。由于A店在菜品质量上付出了更多代价，所以 B 店赚的钱比 A 店多出很多。对 B 店的情况，只懂得埋头苦干的 A 店 CEO 并不知晓，也没兴趣了解。

B 店开始了降价促销和在附近加开分店等策略，进一步分流客户。与此同时，在菜品质量上也做了一些更细致的改善，缩小与 A 店的差距，实现同质化经营。一段时间后，A 店 CEO 猛然发现，门外的队伍越来越短，为了留住客户，也开始降价促销……再后来，A 店终于扛不住了，关门结业。

近年来，企业间的此消彼长和 A、B 店的竞争颇有几分相似，不是吗？

**3. 工匠精神与颠覆性创新缺失**

不久前，我看到一个关于"燃油发动机"的视频，装置高速运转，却听不到噪音。这绝对是一件历经近百年精益求精、持续研磨的工匠精品。显然，拥有此项超级技术的德、日汽车因此获得了竞争上的优势。但正在发生的颠覆性技术创新，也许会对德、日汽车形成威胁。

但凡有工匠精神者，一般不善或不愿进行颠覆性创新。

经过百年修炼的德、日汽车，如今面临中、美两国颠覆性技术创新的挑战。

一是新能源汽车的推出，整个动力机构可能被颠覆，卓越的燃油发动机技术有可能成为历史。特斯拉、比亚迪之所以在电动汽车上全力以赴，就是要跨越"没有燃油发动机技术"的障碍，实现弯道超车。

二是互联网技术和人工智能的发展，让汽车无人驾驶等数码化控制技术逐步走向成熟。如此这般，汽车上那些历经百年打磨的复杂精密的变速、传动和操控结构也将逐步变得无足轻重。同样，互联网企业造车，是希望在汽车制造领域获得超越的机会。

在此情况下，传统汽车霸主们如果故步自封于过去百年积累的优势，就有可能被颠覆性创新所颠覆。近几年，优秀企业这样的例子不少，原因是所有数码化的新技术元素都有一个明确的指向——让工艺技术变简单，无需长年的改进积累；让产品创新变得简单，不再依赖无人能敌的能工巧匠。

一个人一辈子只做寿司，而且精益求精，是优秀工匠，可以成为国宝级人物，值得赞赏。但是，如果一家企业，特别是大企业死守过去的辉煌，只做自己擅长的领域或产品，不去革新，那么早晚会被颠覆性创新所颠覆。

## 七、财务订单核价影响企业发展了吗

财务订单核价可以为经营决策提供参考，但在公司规模尚小时，以财务核价来决定是否接单则有害无益。

**1. 是什么影响了企业规模发展**

有一家经营××零部件的小企业，苦心经营近 20 年，规模始终不能扩大，销售额多年徘徊在 5000 万元左右。据 CEO 回忆，生意好做时，一年少说也能挣五六百万元，最高近千万元。可是金融危机之后，利润逐年下降，日子越来越不好过。是什么阻碍了这家企业的规模化发展？

针对这个问题，CEO 请专家到企业找有关人员访谈，各人员说法如下。

公司 CEO：公司利润低的原因在于订单报价太低、成本居高不下、生产效率低、浪费严重、管理者和员工的责任心不强等。许多订单做下来都是亏损的，感觉做得多亏得多，继续这样下去，后果很严重。

财务部门：因为我们发现业务部为了拿下订单，只知道一味地降价。所以，五年前我们就开始对业务部的报价进行核准了，并据此去掉了不少报价更低的订单。如果不进行事前核价，可能公司会亏得更多。

销售部门：客户总是抱怨我们的报价比别人高，有些老客户都把订单转走了。不是我们喜欢报低价，竞争环境就是这样，我们也没有办法。由于公司生产部门不给力，经常交不了货，客户越来越没信心。公司利润下降，我们也着急。

生产部门：大伙儿感觉越做越累，越做越没信心！原因是销售部门接的订单太小、品种太多，一天到晚要多次换模、换线，浪费太大。我们向各部门提出过这个问题，可是大家都提醒我们"现如今小批量多品种是大趋势"。

品质部门：尽管我们报价偏高，但客户对我们的质量还是认可的。为了保障质量，我们加强了检查力度，所以经常会出现一些不良报废的浪费。因为质量相对稳定，有时候客户转走的订单还会再转回来给我们做……

从以上访谈结果来看，感觉谁说得都没有错，而且都说出了问题的某个重要方面。从企业经营结果来看，这家企业的规模发展已经进入了一个死循环（恶性循环），即担心订单不赚钱→严守较高的报价基准→批量大、价格较低的订单被转走→批量小、价格较高的订单留下→生产难度变大、交付慢、浪费多→销售萎缩或持平→推高（分摊成本和变动成本）占比→担心订单不赚钱……

除了上述访谈，专家还选取了若干个正在做的和已经转走的订单进行分析和对比后发现，即便是转走的订单，毛利率也不算低。

所谓"做得多亏得多"只是问题的表象，而不是问题的实质。问题的实质是：随着时间的推移，不断上涨的成本逐步推高了企业的盈亏平衡点，但销售规模并没有实现同步增长或更快的增长。

在这种情况下，如果没有专家介入，如果不能从战略高度思考问题，以及分析问题发生的原因，并做出策略性改变，这家企业的经营只会越来越难，甚至逐步走向消亡。

**2. 如何走出规模发展的恶性循环**

经过调研分析，专家们给出这样几个结论：一是 CEO 的思维出了大问题，犯了战略性错误。在他的认知里，"节流降本"成了唯一重大的问题，看不到"开源增效"对于中小企业发展的重要意义。二是财务部的订单核价客观上造成了 CEO 的战略误判，并以有说服力的量化数据不断强化 CEO "做得多亏得多"的错误认知。事实上，假定现在 5000 万元订单可以达到盈亏平衡，那么在 5000 万元订单之外，只要 CEO 意识到"开源增效"的战略意义，交代销售部接下更多报价较低的订单，事情就会有转机。也就是说，这些新增订单已无须负担固定成本，即便以较低价格接下来，也很容易获得经营利润，何来"做得多亏得多"？三是销售部门受制于财务部的核价权利和 CEO 对于价格的敏感态度，在接单时开始把目光聚焦到价格上，而对订单数量变得麻木不仁。四是生产部门还要为越来越小的订单担负越来越沉重的生产和管理责任，低效率、交付差成了这个部门的标签，即便内心不服，但有口难辩。

为了打破以上恶性循环，专家们规划并促成了以下一连串的策略性改变。

第一，面向高管团队进行了企业经营方面的深层问题解析，并具体提出了解决问题和走出恶性循环的策略、方案和基本路径。在方案规划和目标宣贯阶段，改变CEO和高管团队"做得多亏得多"的错误观念至关重要，并以"节流降本重要，开源增效更重要"的精益战略思维统一团队意志。

第二，取消财务订单核价工作，根据行业的竞争特点，由核心团队成员一起研讨，找到一条材料费占比参考基准线，即对于一些数量较大的订单，只要材料费占比不高于一定百分比即可无条件接单，提高价格竞争力。

第三，由CEO或其他高管出面，有计划地走访转走订单的客户，诚恳地阐述企业的发展理念、目标和方向，讲明企业正值扩大产能之际，能够以较低价格消化其订单，请求客户支持，设法促使订单回流。

第四，对公司产能进行科学分析，找出制约产能发挥的瓶颈，并及时投入资源，扩充瓶颈工序产能，为数量较大的订单回流做好准备。同时，开展旨在持续提升经营管理绩效的精益管理活动，改善交付，提高效率，减少浪费……

以上策略性改变执行半年后，流失的客户逐渐回归，销售额稳步增长，连年下降的利润开始止跌回升……可以肯定的是，这家企业从此走上了良性循环的发展道路。

行文至此，也许有人会问："难道财务订单核价就真的毫无价值吗？"答案是否定的。财务订单核价可以为经营决策提供参考，但在企业规模尚小时，以财务订单核价来决定是否接单则有害无益。等到企业规模足够大，而且订单足够多的时候，财务订单核价就可以发挥作用了，它可以帮助企业有效评估订单和客户的利润贡献情况，以便留下最好的订单和客户。

## 八、优秀企业为何不用计件工资制

在员工绩效评价工作中,要追求过程的公平性,让评价结果经得起推敲,也就是实现人们常说的程序公平。

**1. 计件工资制是不是一个好制度**

在国内,包括专家学者在内的许多人大概都认为计件工资制是个好制度、好方法,甚至认为特别符合中国国情,以至于采用计件工资制的企业比比皆是。时至今日,还经常有人问我:"到底是计件工资制好,还是计时工资制好?"

其实,问这个问题的人大多深受计件工资制的困扰,但又无法逃离。每当这个时候,我会和提问者一起确认一个事实——丰田、理光等优秀企业里有没有计件工资制?答案是否定的。

从长远看,计件工资制并不是好制度、好方法。那么,计件工资制到底会给企业带来哪些困扰呢?

(1)计件工资制对提升效率的作用有限。

我们承认,导入计件工资制确实可以提高效率,甚至能很快提高效率，这是不争的事实。但是，计件工资制给效率带来的提升幅度是有限的。也就是说，由此带来的效率提升很快就会遇到天花板，要突破这个天花板实际上很难。

所以，通过导入计件工资制提高效率的做法，与"效率提升无极限"的价值主张是相违背的。

（2）导入计件工资制，管理成本会大大增加。

企业都知道，为了实施计件工资制，必须出台关于标准工时定义、工时单价测算、工作数量统计等办法和制度。在决定工价过程中，免不了要讨价还价，多方博弈。

标准决定后，随之而来的还有一连串无价值管理活动，诸如每天工作量记录与核准、不良品清点和责任判定、工序间移交手续办理及复杂的工资计算等，不一而足。

（3）导入计件工资制，工作或产品质量难以保障。

许多人都抱怨，导入计件工资制后，员工的心思全在数量上，对工作或产品质量则得过且过。有些人本来就有做事马虎的坏毛病，加上计件工资制的刺激，哪还有心思精益求精，追求工匠精神？以致疏忽大意的有之，隐瞒不报的有之，以次充好的有之。

总之，被企业视为生命的质量保障标准和要求往往被员工漠视，从而影响客户满意度和企业信誉。

（4）导入计件工资制，员工变得不听安排了。

有此经历的管理者都知道，导入计件工资制之后，员工通常会变得我行我素，不再顺从管理者的工作安排，对不能直接赚钱的事提不起兴趣。比如对现场 5S 没有动力，对设备保全管理没有兴趣，对精益改善更是没有想法，因为这些事情都不计工钱。

一切向"钱"看的结果是,工作现场脏、乱、差没人管,中间库存大量堆积没人管,工序或部门间不能协同……看上去员工在拼命干活,但质量交付和数量交付并不尽如人意,企业效益大打折扣。

(5)导入计件工资制,劳资间博弈不断,损害企业文化。

企业和员工需要常常就工时测定和工价标准讨价还价,谁也不愿在博弈中吃亏,因此会损害劳资间的信任关系,损害企业文化……我们就见过这样的情况,员工平时以某种速度工作,一旦遇到有 IE 工程师测速,员工的工作速度立马下降,因为担心企业会因此调低工时单价。

经常有企业员工抱怨,企业只要看到员工拿钱多了,就会很快调低单价,到头来吃亏的还是员工。在企业里,这样的博弈不仅仅不利于提高效率,最大的危害在于破坏团队的凝聚力。

以上种种问题,即便专家学者无感,企业管理者也是知晓的。既然如此,为什么许许多多的企业还离不开计件工资制呢?

据我观察,主、客观理由主要有三个。

一是企业文化、机制或制度环境恶劣,员工行为和工作结果基本不可控,计件工资制可以在某种程度上约束和控制员工。

二是团队管理者能力低下,又不想动脑筋想办法解决管理中存在的问题,导入计件工资制既可以降低管理责任和管理难度,又能够保持一定的效率水平。

三是企业高层无须承担由诸如设备故障、来料延迟及图纸错误等造成的停机、停线损失责任。

也就是说,企业之所以不能逃离计件工资制的困扰,是因为计件工资制带来了令人欲罢不能的"好处",正所谓一俊遮百丑,纵使遇到再多的问题，也是一百个放不下。如何逃离计件工资制的苦海，成了企业管理者必须面对的课题。

**2. 如何逃离计件工资制的苦海**

对于绝大多数采用计件工资制的企业来说，即便知道其坏处，也不敢贸然用计时工资制取而代之。人们担心，万一改了之后，员工出工不出力，生产效率一落千丈，岂不是自掘陷阱，坑害自己？

要解决这个问题，逐步走出当下的困境，企业应做好以下几个方面的工作。

第一，通过统计分析，确定产能基准值。对过去半年或一年员工人数和产量变动情况进行统计分析，以便得出单位时间人均产出能力和团队（或班组）产出能力数据，确定产能基准值。

许多企业要求 IE 工程师测定标准作业时间，以便用标准作业时间来计算产能，但从持续改善的角度思考，这样做既不经济，也没必要。其实，以现有较宏观的"统计数据"作为评价基准值，不但做起来简单，而且团队易于接受。

第二，用团队计件替代个人计件，促进团队协同。为了避免发生员工怠工、误工或效率下降的情况，需要事先做好几个准备工作。

①以达成或超越现有产能基准值作为团队目标。
②设计好团队目标达成与团队绩效奖励之间的关系。
③设计好员工个人所得（包括奖金）的计算标准和办法。

第三，科学设计员工个人所得及其计算方法，确保改革平稳实施，这是重中之重。

根据经验，员工个人所得计算方法设计必须遵循两个原则。

① 基本所得保障原则，即设定一个保底工资标准，相当于计时工资部分，提高这部分工资比例有利于让员工对改革有安全感。
② 多劳多得原则，即设定一定额度的奖金，并通过评价员工工作的质、量和日常工作态度、行为等决定个人奖金的等级，体现多劳多得的原则。

需要说明的是，所谓多劳多得并不是完全按线性比例计算待遇，而是要保证表现不同的员工之间的待遇不倒挂，即做得好的员工多得，做得不好的员工少得。

所以，在员工绩效评价工作中要追求过程的公平性，让评价结果经得起推敲，也就是实现人们常说的程序公平。

第四，管理层深度参与，带领并辅导团队与员工。由于管理机制的变更，管理层可以腾出越来越多的时间，参与或带领员工进行全方位的革新改善，辅导和帮助团队和员工达成目标或超越目标，提升企业管理水平。

随着管理水平的提升，当文化、机制（含流水作业等）和制度等对员工的约束力越来越强的时候，可以适时提高固定薪酬，降低评价奖金的额度。如此这般，企业就可以从零和博弈的计件工资制，逐步走向协同共赢的计时工资制。

企业要持续提高效率和效益水平，必须设法打造利于员工广泛参与精益改善的文化、机制、制度氛围与条件，逐步提升员工素养，培养员工的改善意识和能力，最终形成持续改善和可持续发展的优秀文化。

## 九、精益如何让企业走向更高的管理境界

对企业来说，精益不是一个具体的结果，而是企业不断走向更高管理境界、获取持续竞争优势的过程，在这个过程当中，精益到底要改什么？或者说精益到底能改什么？有人说精益管理就是减员增效，又有人说精益管理就是节流降本，还有人说精益管理就是现场改善，凡此种种，对精益的解读都是片面的。

其实精益管理能够且应该覆盖更多的领域，可以帮助企业获得更多的价值。从管理和改善的本质出发，我们发现精益改善的对象应该包括企业经营的全部，综合起来有这样三个方面的内容：针对经营资源的改善；针对经营结果的改善；针对经营和管理流程的改善。

首先，精益管理需要针对企业经营资源进行全面的改善。企业经营资源有哪些呢？主要是人、财、物。其中，物的范畴是很广的。在这方面，精益改善的重点就是要提高资源效率，或者提升单位资源产出能力，比如人均产出、人均利润、资产回报率、

单位面积产出、单位机台产出、每度电的产出、每吨水的产出等，都是精益改善需要着力提升的对象。除了这些传统意义上的资源之外，还包括技术、品牌、客户等资源，都是企业日益重要的经营资源，都要进行全面改善。

在过去 30 多年时间里面，中国企业对资源效率提升方面关注不足，用心不够，快速扩展的条件如今不复存在，客观要求企业管理者从战略高度出发，认识资源效率提升的重要意义，并带领员工一起进行脚踏实地的精益改善。

其次，精益需要对企业经营结果进行改善，根据经验，我建议用 PQCDSM 来定义企业经营结果。其中 P 是利润，Q 是品质，C 是成本，D 是交付，S 是安全，M 是员工士气。企业要学会广义理解 PQCDSM 的含义，并以此衡量所有部门的工作质量、工作效率，以便让他们各司其职，形成相互支撑的目标和结果体系。精益管理就是要把各部门员工组织起来，持续开展旨在提升这些经营目标和结果的改善活动。

最后，精益还要针对企业经营和管理流程进行改善。关于流程改善，一定要从战略高度出发，认知影响企业经营业绩的跨组织流程：第一个是基于市场需求的产品化和商品化流程；第二个是基于客户订单的实物流和信息流管理流程；第三个是基于企业经营战略的人才发展流程，流程改善的方向是在保障资源效率和经营成果的前提下进行的。缩短周期、加快流动，这是企业的重要目标。根据经验，流程周期越短，耗费资源越少，经营成果越好。从以上三个方面进行精益改善，不仅可以把团队引向正确的方向和美好的未来，而且有利于促进全员参与，极大地放大精益改善的成果。

# Chapter 5

# 精益思维在管理中的运用

## 一、警惕管理中的"习惯性失败"

在企业实际管理过程中，制度往往实施得不好，或成为摆设，尝试变革却往往以失败告终，或收效甚微（*虎头蛇尾*）。越是这样，企业管理者越是急躁，并且搬来一个又一个的新理念或新制度，希望能有所改变，但员工已经习以为常了。我把这种情况称为管理中的"习惯性失败"。对企业来说，"习惯性失败"是非常可怕的。

某企业为了解决员工着装整齐（*穿工衣*）的问题，出台了一个"告知式"管理制度，希望大家严格执行，但数个月后却不了了之，少有人关注，这是第一次失败。后来，企业高层再次提出这个问题，人力资源部又出台了一个更加严厉的管理制度，辅之以一定额度的罚款措施，开始时执行情况不错，但是时间长了还是不了了之，这是第二次失败。还可以设想第三次、第四次失败……

经历了多次失败之后，企业高层无可奈何，只有摇头和抱怨："员工素质太差，工衣都穿不整齐；管理者能力不足，连这等小事都管不好。"

我的一个客户企业，经营者早就对企业内部存在的惰性深恶痛绝，过去几年里数次请来外部专家试图改变，可是每一次的尝试都以失败告终。后来，这家企业的董事长找到我，我告诉他这叫"习惯性失败"。

所谓"习惯性失败"，是指同样或类似的管理失败多次，以至于达到"习惯"的程度。"习惯性失败"可大可小，大到社会层面，小到企业运营层面，更小到个人事业方面。

"习惯性失败"最后可能形成一种懒散的和不负责任的企业文化（文化糟粕），这种文化向所有的管理者或员工传递一个信息，那就是"存在的就是合理的，尝试改变大多是徒劳的"。

"习惯性失败"的后果是让员工对管理失去信赖，对制度失去敬畏，对工作失去热情。因此，"习惯性失败"要引起企业的足够重视。经营管理者要经常自问：团队是否已经进入这个怪圈？

要想从"习惯性失败"中走出来，首先要认识失败的类别及原因，其次才是具体研究走出"习惯性失败"的办法。

在管理实践中，可能遇到的失败情形多种多样。企业有必要具体问题具体分析，并且从中找到失败的类别及其规律性，以便根据不同类别采取不同对策。

根据我的经验，可以把大多数想到的"习惯性失败"分成以下四类。

第一类，"不许或禁止员工做什么"的制度，但是做不到令行禁止。企业里的禁止条款得不到有效落实就属于这个范畴。比如工作场所禁止进食，但常会有员工偷偷进食，时间长了就不了了之；不许打架，但是打架斗殴现象却层出不穷。为什么做不到令行禁止？主要原因在于管理层视而不见，放任不管，或者不能严格按规章进行处理。

第二类，期望员工按标准做事，并且做到不出差错，但是现实是员工很难按标准做，或者即使按标准做还是会出错。比如作业标准对螺丝数量有具体要求，稍不小心就可能少打一颗螺丝；管理者再三强调安全的重要性，还是有员工不小心把手指割伤等。这类错误通常被称为"无意识差错"，指那些非主观意愿所犯下的错误，制度、要求或培训等一般管理手段都没有办法解决的问题。

第三类，希望员工养成良好习惯，但是很难做到。比如工厂内要求正确着装，但有些员工就是做不到；工厂内要求将垃圾分类投放，但有些员工就是随便扔。造成这种结果的主要原因是，管理者缺乏耐心和坚持，或者没有找到便于坚持并最终让员工养成良好习惯的好办法。

第四类，企业尝试改善创新，但是每次都以失败告终。比如要求员工主动改进自己的工作，即使出台了奖励措施，但员工总是无动于衷。管理者设计了许多激励措施，一心想调动员工的积极性，但员工就是不领情或提不起精神。出现这种情况的主要原因是，企业内没有推动改善革新的良好机制，缺乏适于改善和变革的文化和氛围。

针对以上四类"习惯性失败"，我的建议如下。

第一类，杜绝不良行为，需要管罚并举。企业要减少甚至杜绝不良行为，需要管理者长期关注和监督，发现违规行为要及时给予违规者相应的行政处罚（重大违规，如贪污给予一级处分，除名；严重违规，如不听从上司安排给予二级处分，记大过；一般违规，如迟到、早退给予三级处分，记小过），绝不手软。需要说明的是，人们经常采用的"罚款制度"其实不是一种好方法，建议不用或少用。

第二类，防止差错结果，需要预防、纠错。对"无意识差错"进行处罚的做法是错误的，必须得到纠正。企业应该动脑筋想办法，研究并实施"防呆措施"或"纠错办法"。如果一时想不出预防或纠错的办法，可以考虑对标准或要求本身做出改进，比如用图像替代文字表述等，以便于员工理解和掌握。

第三类，养成良好习惯，需要持续要求。企业可以通过教育、宣导、示范及长期的坚持来让员工养成良好的习惯，当然，创造良好的环境和研究有效的办法也十分重要。

第四类，尝试改善创新，需要营造氛围。改善创新说到底就是员工挑战惰性、团队挑战文化的过程。由于这种挑战具有不确定性和风险，要克服员工的惰性或恐惧，就必须创造性地引导员工参与改善革新的机制，营造浓厚的改善氛围。

## 二、员工爱找借口，错在管理者

有一天，我正好和一位 CEO 在聊企业管理的问题，制造部经理战战兢兢地敲门进来，刚要就某件事情做些说明（辩解），CEO 很不耐烦地说："不要找借口，等着人力资源部的处分吧。"

我在做顾问或给企业家授课的时候，经常会遇到 CEO 或管理者抱怨员工爱找借口、责任心不强等。这些抱怨就好比感冒，人人都会得，只是严重程度不同。

抱怨的人大概都希望从专家那里得到"解决办法"，而绝大多数专家也会以"高度的责任感"给出一些似是而非的答案。他们一般会建议企业引导员工读《没有任何借口》之类的书，进行军事化训练，加强员工培训等。在我看来，这些建议酷似医生开出的感冒药方，只是缓解一下症状而已，解决问题还得靠病人自己的免疫系统。针对这些抱怨，我通常的回答是："对不起，我好像帮不上忙。"

帮不上忙并不等于我们无所作为。每当这个时候，我会负责任地要求CEO或管理者们更深层次地问一问自己，员工爱找借口、责任感不强，自己的意志得不到贯彻，难道责任都在员工身上吗？自己有没有什么责任？这种追问，对绝大多数管理者来说都是十分有意义的。

要养成员工不找借口的习惯，需要企业从以下几个方面着手解决问题。

**1. 领导和管理者自身的反省**

员工不负责任，那么请CEO或管理者们思量一下，自己平时是否有承担责任的勇气，是否给予员工足够的信任？

员工爱找借口，是不是你不够宽容，对员工的错误指责太多？

员工不讲真话，是否是企业里讲真话的风险太大，或者你自己不爱听真话？

员工隐瞒错误，是否是你的企业处罚措施足以让他害怕？

员工没有激情，是否是因为你没有激情或没有给予员工使命感……

这样的例子绝不需要杜撰，只要你有心观察一下下属就能够发现，我说的没有错。说这些的目的，是希望企业各级管理者能够学会从下属的行为中反省管理者自身的不足，员工爱找借口大多是由于管理者自己的管理态度和管理方法出了问题。只要管理者有意识地自我完善，员工爱找借口的毛病就会逐步得到改正。员工就是管理者的镜子，从员工身上看到的就是管理者自己的影子。

**2. 从企业的处罚制度上进行改进**

企业要根据错误的类别进行区别对待，正如我前面所说的，有些错误是不需要指责（*处罚*）的。其实，区别哪些错误应该处罚、哪些错误不应该处罚，并不是一件很难的事情。一般工作中的无意识差错或因能力不足引起的差错是不应该受到指责或处罚的，比如不小心损坏了螺丝、稍不留神漏装一个零部件，对这样一些错误大可不必指责和处罚，而应当积极引导员工去思考、去改善。因为没有了处罚和指责，员工更愿意暴露问题，也就不必花心思在上司面前找借口了。

当然，对一些有违道德和规则（*法律法规*）的错误行为则需要及时依规章予以处理。比如在非吸烟区吸烟、打架、欺骗、隐瞒实情、打击报复等，要毫不留情地进行处罚，绝不姑息。在一个纪律严明的组织里，犯了这种错误，通常也不需要找什么借口，因为找了也没有用。当然，假如你的企业在执行这类制度时有因人而异、"量刑不一"的现象存在，问题就会变得复杂，要另当别论。

**3. 要设法培养员工的自信心，让他能够在领导或管理者面前实事求是、就事论事地陈述问题**

领导和管理者学会心平气和地听员工把事情说清楚，并且和他一起探讨解决问题的思路，是培养员工自信心的好方法。只要管理者坚持这样做，你的下属慢慢会变得只陈述事实，少讲或不讲客观理由，也不会轻易地把问题（*责任*）往其他部门（*人*）身上推。在这样的氛围下，部门之间、人与人之间也就有可能建立起坦诚的合作关系。

## 三、CEO 和员工要放下博弈

许多读 MBA、EMBA 的学生都会学博弈论。许多 CEO 学后抱怨自己原来太傻，心太好，并开始处心积虑地和员工博弈。这既是企业管理的不幸，也是 CEO 人生的不幸。殊不知在深受厚黑学影响的文化环境下，企业家缺的不是对付员工的妙招和心计，而恰恰是难得糊涂和胸怀。

世界上到底需不需要博弈论，博弈论对企业有没有益处？答案是肯定的。在社会管理方面，被监督者与监督者之间，有道是"魔高一尺，道高一丈"，稍不留意，后果十分严重。

在企业管理方面，尽管看似也需要懂得"魔高一尺，道高一丈"的道理，但我坚持认为，即使需要博弈，也可以采用美好的办法，友好博弈，让"佛"在心中，实现双赢或多赢。

有这样一位 CEO，生来就是一个善良的人，在员工中口碑很不错。他发现生产线上浪费严重却无人关注，很是痛心，对管理者和员工恨铁不成钢。后来他听教授讲，要学会和员工博弈，才不至于在管理中吃亏。教授继续建议："你太善良，发不了狠，可以找一个狠一点的管理者唱白脸（做坏人），你唱红脸（做好人），这样一唱一和就解决问题了。"后来他招到一位颇有专业能力（能看到生产线上的各种浪费）的管理者，而且管理风格泼辣、手段够狠。

这位管理者每天泡在现场，很敬业，怀揣"秒表"到线上查找问题（各种浪费），并让员工限期整改，员工不能按期整改就会受到处分。很快管理上见到了一些成效（效率有一些提高），但员工的不满也与日俱增，终于有一天大爆发——罢工。CEO不知所措，找员工协商，员工提出只要CEO辞退这名拿着"鞭子"的管理者，大家就复工。CEO不得已，把这位唱白脸的管理者辞了，一切恢复如常。

又有一家企业，食堂浪费十分严重，每天饭后要倒掉大量的剩饭剩菜，让人看着痛心。在"光盘行动"的召唤下，CEO也希望改变现状，要求行政部门出台措施进行管理。行政部门先是出台了有关处罚规定，执行了一段时间以后，发现问题依旧。后来他们发现，是因为没有具体的监督主体，所以布置任务后让保安负责监督，抓到就写罚单。一切看似有效，但是有一天多名男员工一拥而上把保安打了，而且后者伤得不轻。从此，保安也不敢"严格执法"了，食堂管理回归原样。

以上是企业管理中的两个极端例子，博弈双方玩的是"零和游戏"，不是"东风压倒西风"，就是"西风压倒东风"。当然，在现实管理中，更多的情况是劳资双方通过博弈达到某种平衡，员工认为只要监督方不过分就暂且忍一忍，管理者认为只要不出大乱子，员工有些不满也在所难免。但是，需要强调的是，博弈中的这种平衡通常都是以牺牲员工的斗志和积极性为代价的，是不健康的。

我认为，CEO在处理与员工的关系时，必须放下博弈思维，摒弃基于这个思维的粗暴做法，并以长辈的姿态关注员工、爱护员工、帮助员工成长，即设法提升他们的心智、意识和能力，在企业内逐步培育互助友爱的"家文化"。在这个基础上，才可以发挥企业的管理智慧，研究恰当的机制和办法，设法得到员工积极的回应，和员工一起解决管理中存在的问题，具体的做法如下。

第一，深入现场一线，了解和记录生产线存在的各种浪费问题；

第二，把这些问题分门别类地整理出来，如搬运浪费、走动浪费、单手作业浪费等，辅之以现场的代表照片或图片（**绝不能把焦点聚焦到人脸上，而且只讲问题，不讲责任**）和解决问题的方法建议，做成简单易懂的培训教材；

第三，对生产线员工进行集中培训，确认大家是否能听懂，并即刻动员员工自己动手，一起解决问题，最好明确与解决问题相关的奖励措施；

第四，手把手辅导员工查找问题和解决问题，并把结果写成改善报告；

第五，让CEO到现场观摩和欣赏员工的改善，让员工讲解改善的过程和成果。CEO应该对员工的表现和结果给予由衷的赞扬，并兑现约定的奖励措施。

在这个过程中，员工不仅享受到来自管理层和CEO的尊重，还可以体会到因为个人成长（**逐步拥有解决问题的意识和能力**）所带来的成就感，这种成就感是发自内心的，可以成为生生不息的力量。慢慢地，CEO也能体会成就感，因为不恨、不骂、不斗，员工也能积极向上，自己也变得健康快乐。当然，这样一种美好的局面不可能唾手可得，CEO需要付出足够的耐心和努力，身边还需要优秀"导演"的参与。

针对食堂剩饭剩菜的改善问题，除了要求饭菜提供方持续改善饭菜的质量外，还可以有更多的选项。

第一，企业借用生产线改善的大致模式，先拍下浪费食物的现象，结合一些该如何对待粮食的古训或要求，做成简单的教材；

第二，对全体员工进行培训，让全体员工在《×××倡议书》上签上名字；

第三，将签字后的《×××倡议书》悬挂在食堂显眼处；

第四，初始阶段由管理者或行政部员工轮值，在食堂入口处提醒大家按倡议约束自己。坚持一段时间之后，问题就可以得到很好的解决。

这样，企业就做得更生动、更人性、更美好，对员工进行了教育，并告知尽量不剩饭菜，吃多少拿多少，实在吃不完也可以剩下，以保障身体健康为原则。与此同时，把食堂的出口做成两道门，一道是守约的"绿色"通道，另一道是没有守约的"红色"通道。在员工养成良好的习惯之前，还需要由管理者或行政部员工轮值，在食堂出口处提醒员工如实选择通道。

人性是复杂的，既有"天使"的一面，又有"魔鬼"的一面。CEO要想做到放下博弈，就必须从尊重人性出发，并通过充满智慧的人性化美好形式，感化、教育和约束员工，让员工始终愿意以"天使"的面目示人，而把内心的"魔鬼"牢牢禁锢在法律、道德或信仰的"笼子"里。如此，才是中国企业管理之幸，也是CEO人生的福音。

## 四、人性化管理不能光说不练

有人认为，人性化管理就是要改善员工福利，只要制定一些人性化的福利措施，比如住院补贴、直系亲属丧葬补贴等，就万事大吉了。更多的人误以为人性化管理就是要创造宽松、自由和开放的工作环境，并以微软、谷歌等IT类企业的做法为标杆。在这些企业里，员工可以穿休闲服上班，办公室如儿童乐园般美好，上班时间还可以带上心爱的宠物……由于没有关于人性化管理正确的具体指引，企业管理者和员工难免会被误导，甚至因此误入歧途。

那么，人性化管理究竟是什么？

人性化管理无处不在，体现在管理的方方面面。所谓人性化管理，就是以尊重人性、培养自尊和惩恶扬善为目标的管理理念、管理过程（行为）和管理形式的总和。所以，要在企业里实施人性化管理，就需要认识人性化管理的精髓，并以员工喜爱的方式落地、生根、开花和结果。

首先，人性化管理不是一句空洞的口号，应该是企业重要的经营理念和管理准则之一，是企业价值观的重要方面，它可以成为检视企业经营活动、管理过程及体制是否符合人性的评判标准，发现有违背以人为本、人性化管理的机制、制度、行为和形式时，都必须及时纠正。当然，要让以人为本和人性化管理真正成为企业员工共同的价值标准，企业领导和管理者的率先垂范是关键，否则就会成为一句"永远正确"的空话、套话。

其次，人性化管理不是企业对员工的恩赐，应该是管理者和员工持续追求更高境界的行为或参与过程。"人之初，性本善"说的是人性本无善恶之分，通过后天的培养可以向善，否则就可能向恶。所谓尊重人性，就是要认识人性中善恶转化的规律，并通过教化影响及改善的过程，让员工逐步养成从善如流的好习惯。所以，尊重人性不等于放任不管，正所谓"子不教，父之过"，即"员工不教，管理者之过也"。

最后，人性化管理还应该有具体的表现形式，需要从机制、制度及其他可视化的形式上予以定义：在管理机制上，要更多地着眼于激发员工关于工作与成长的内部动机，通过营造改善氛围，唤起员工的自尊，逐步培养员工自我约束和主动改善的意识和能力；在管理制度上，要去除那些简单粗暴的传统做法（罚款及处罚通告等），为员工能够体面地工作和生活创造良好条件。企业还可以为员工提供各种自我展示的舞台，让创新成果（好事）和各路能手成为关注的焦点，起到提振士气、引领风气的积极作用。

总之，企业可以通过以上三个方面的人性化管理持续推动并不断提高管理者和员工的道德底线，促进他们共同成长，培养充满人文关怀和有爱的"家文化"。

## 五、调动员工积极性为什么这么难

调动员工积极性怎么这么难？估计多数管理者都深受这个问题的困扰。在一次总裁班课堂上，我问同学们：想不想调动员工积极性？大家回答：想，很想。我继续问：为了调动员工积极性，采取过哪些措施？有人说，提高薪酬和奖金。有人说，要和员工多交流，关心爱护员工。又有人说，要给员工培训和发展机会。还有人说，偶尔还要陪员工喝酒等。仔细想一想，要是真能做到这些，领导已经很用心了。

最后，我问大家：员工积极性调动起来了吗？多数人回答说：没有。还有几位同学更悲惨地说，该调动的没调动起来，不该调动的被调动起来了。我问：所谓不该调动的，指的是什么呢？回答是：员工对金钱的欲望。从以上问答中，可以判断出，大家用了各种办法，好像并没有真正把员工积极性调动起来。

为了引导大家进一步思考，我要求同学们独自在小纸条上写下两个问题的答案，一个是：什么是员工积极性？另一个是：衡量员工积极性的 KPI 指标是什么？我让大家写完之后交给我。不看不知道，一看吓一跳。关于什么是员工积极性的答案五花八门，有人说是主动积极；又有人说是听话照做；还有人说是对公司忠诚等。关于员工积极性的 KPI 指标是什么，竟然都交了白卷，也就是说，大家都没有衡量员工积极性的 KPI 指标。

在这里，可以引出两个重要思考。

第一个思考是人们只知道员工积极性很重要，但却不知道它到底是什么。所以，提高积极性这项工作，一开始就是一笔糊涂账。

第二个思考是几乎没有人想过用量化 KPI 指标来衡量员工积极性。管理大师彼得·德鲁克讲过一句经典的话：没有目标、指标的工作，注定会成为一句空话。难道说人们常常挂在嘴边的调动员工积极性原来是一句空话？可见，很多调动员工积极性的努力，其实一直都在"无的放矢"。

有一次，我和一家上市企业的 CEO 就怎样评价员工积极性这个问题有过交流。他告诉我，他的员工积极性没有问题，理由是在没有人要求的情况下，员工每天不工作到晚上八点不下班。我明确告诉他，那不一定是员工积极性使然，可能是管理者的无奈之举，也有可能是员工不得已而为之，不多花时间，就拿不到足够的工资。

后来，在 3A 公司的辅导下，这家企业在管理上发生了翻天覆地的变化。即使有大量的增产订单，员工五点半也可以下班享受生活，大量处罚条例被遗弃，因为这家企业的员工的积极性被真正调动起来了。

人们都知道"调动员工积极性"的重要意义，也懂得"企业最大的浪费是员工智慧的浪费"这个道理，但是对"员工的积极性"缺乏深度思考，以致于在管理上犯下各种错误。

员工积极性到底是什么？员工积极性可以分为两类：一类是劳动积极性，是指员工主动付出劳动（时间）的意愿和行动；另一类是工作积极性，是指员工主动付出智慧的意愿和行动。那些主动发现问题并动脑筋想办法解决问题的员工，就是有工作积极性的员工。所以，通过计件工资制等形式，通常只能调动员工劳动积极性，而不能调动员工工作积极性。我们的建议是，用"改善成果或发明创造的数量"来评价员工的工作积极性，比如员工改善提案件数、员工月度改善提案参与率、发明创造或专利数量等。理解了这两个基本概念之后，企业就可以好好地反省至今为止的一些管理方法和管理手段，看一看哪些是伤害员工主动付出智慧的制度和做法，以便采取措施，改进工作。

提高员工积极性主要可以从以下几个方面着手。

首先，管理者必须尊重员工的基本权利，按劳动法要求给予员工基本生活条件和环境。没有这一点，提高员工积极性就是不能实现的良好愿望。

其次，构建旨在提升企业管理水平和员工意识、能力的改善活动机制，如精益生产、JIT、TPM、IE改善等。在运营改善机制的过程中，还需要设计各种精神和物质奖励办法，积极引导员工主动发现和解决问题，只要方法得当、持续坚持，改善将逐步成为员工良好的习惯，使他们不断动脑筋想办法，主动奉献智慧。

最后，通过多种形式（发表会、看板展示、案例集等），把员工的改善成果予以充分展示。一方面，培养员工的自信心；另一方面，可以大大地激发员工的兴趣和探究之心，创造一个能发挥和展示其聪明才智（智慧而非知识）的平台。

## 六、优秀员工到底怎么评

有一天,我来到国内某上市企业交流。在装修精美的主楼大厅里,首先映入眼帘的是各级领导的关怀,然后就是年度先进员工风采。我想说说企业该如何评先进、树典型,因为绝大多数企业在做这件事情的时候并没有认真思考。

就我了解的情况看,国内企业在表彰先进员工的时候通常采用的办法有考核评价、无记名投票及部门推荐等。我问这家企业的参观引导者:"这些先进员工是怎么评选出来的?"他回答道:"这些优秀员工是依照企业有关规定评选出来的,即由部门领导推举,经群众评议并最终报企业领导核准确定。"企业评选和表彰先进员工,是希望其他员工向他们学习。但到底有多少人真正信服这些被推选出来的先进者,并在工作中积极效仿他们,不得而知。结果往往是,评选表彰一头热,员工却少有参与,为什么会这样呢?

第一,任何先进个人,只要是评选出来的,就会有争议,因为缺乏客观基准。社会上每天都进行着各种各样的评选,不一而足。具体到企业评选先进员工,一旦引起争论或者不满,事情就会走向反面,结果事与愿违。

第二,选出来的先进员工的先进事迹往往缺乏客观事实。由于没有客观事实的支持,其他员工就不能清晰地了解先进员工到底先进在哪里?所以,向先进者学习也就无从谈起。

其实,在企业内到底该如何评选先进者,奥运会的竞赛模式给了企业最好的启示。要想让员工心服口服,愿意向榜样学习,就得像奥运会那样,让员工在规定的规则下进行公平竞赛,优胜者得奖。比如在企业内分别设立与改革创新、业务技能等评比项目,让全体员工参与其中,最终决出如最多改善数量奖、最大改善金额奖、最佳改善创意奖、最高××技能奖等。以此树立起来的标杆,将彻底克服"票选"先进员工的不足。因为竞赛评比有了客观基准,员工对结果心服口服,而且先进员工有具体先进的客观事实,其他员工知道该向他学什么。

## 七、如何评判企业文化的优劣

管理大师彼得·德鲁克曾经告诫人们：没有目标、指标（无法评价）的工作终究会成为空谈。企业文化建设是一项十分重要和具有战略意义的工作，但遗憾的是，至今还没有哪位专家学者给出"客观评价企业文化优劣"的办法。其结果是，在多数企业里，企业文化建设成为空谈，或者成了一种不由自主的行动和努力（凭着 CEO 自身的直觉）。

我长期从事企业管理和顾问工作，深知企业文化建设的重要意义，更知道如何用客观事实来评价企业文化的优劣，目的是让企业经营者和管理者能对企业文化建设有一个全新的甚至是颠覆性的认识，并着手建设优秀的企业文化。

第一，员工工作改善越多，企业文化越好。这是重要的事实，也是中国企业缺乏的。企业间的竞争归根结底是软实力的竞争，而改善是提高软实力的重要途径。

第二，员工违规现象越少，企业文化越好。这是事实，也是企业管理者必须时刻关注的。培养员工良好习惯是建设企业文化的基础性工作,所以企业文化建设的第一步就是让员工遵章守纪,按标准做事。

第三,员工工伤事故越少,企业文化越好。工伤事故越少越好的道理谁都懂,但是把减少工伤事故提高到企业文化建设高度来认知的企业却不多。减少工伤事故,不仅需要企业建设安全的文化环境,还有赖于培养员工良好的安全意识。

第四,公司劳资纠纷越少,企业文化越好。在一家具有优秀企业文化的企业里,劳资双方目标一致、平等对待、和谐双赢。劳资纠纷多,说明这种和谐的劳资关系受到了破坏,双方互相猜忌、博弈,最后的结果是皆输。

第五,新员工离职率越低,企业文化越好。在一家具有优秀企业文化的企业里,员工之间互助友爱,对新员工更是关爱有加,有利于留住他们。在一家企业文化糟糕的企业里,员工之间相互提防,对新员工更是冷漠对待。

第六,离职员工满意度越高,企业文化越好。一家企业的企业文化到底好不好,最客观公正的评价来源于离职员工。如果员工离职后还能对培育自己的企业念念不忘,感恩自己的领导,说明这家企业的企业文化一定是优秀的,否则就是糟糕的。

以上六个方面可以全面地反映企业文化的优劣,懂得这些道理之后,企业就可以研究建设优秀企业文化的具体办法了。

## 八、如何培育包容进取的管理文化

经常有人抱怨，在工作中做得越多、错得越多、评价越差。就我了解的情况看，这样的企业不在少数，在一些"看似绩效考核搞得好"的企业里，这种情况更为严重。原因是许多企业的考核制度采用的是"减分制"：假设某人没有犯错就得 100 分，每犯一个错误就根据错误的大小减去相应的分值，最后根据得分高低评价好坏。可以设想，那些无所事事、工作担当少或精于算计的人，往往可以与错误不沾边，评价较高。而一些工作担当多、像陀螺一样忙、不计后果的人，因为错误多，评价反而就低。

除此之外，在这些企业里，管理层往往会把自己定义为"精英"，将一线员工视为"工具"，缺乏平等沟通的渠道，结果是管理者抱怨员工"没有责任感"，员工则憎恨管理者"不近人情"。

慢慢地，员工的积极性将受到抑制和挫伤，最后形成一种惰性文化，事不关己，高高挂起，多一事不如少一事。长期下去，后果十分严重，变革、改善等美好的事物在这样的企业里永远不可能发生，企业的竞争力可想而知。

如何培育包容进取的管理文化？我有以下三个建议。

第一，经营管理者必须进行一次彻底的经营观念转变。管理者首先要认识到，在企业，尤其是制造型企业里，员工，特别是一线员工才是创造价值的主体，绝不能低估员工的智慧（*而非知识*）和创造性。管理者应该把自己的工作定位为向员工提供服务，而非传统意义上的"监督、管理"，要学会尊重员工的人格，为员工创造良好的工作环境，把"以人为本"的优秀管理思想真正体现到具体的管理行动上。

第二，企业要鼓励员工不断挑战更高的目标。对员工的考核应该更多地着眼于员工挑战目标的行动（*改善＝改方法 × 善结果*）上，而不是紧盯着具体目标的完成，要容忍挑战（改善）中的失败，愿意为员工的失败付学费。这样说，可能会招致一些"结果至上"的人的反对，但是真正卓越的企业都是坚持这样做的。理光集团的总裁经常说的一句话是："可以容忍改善变革中的任何失败，唯独不能容忍故步自封和因循守旧。"没有了员工的挑战，没有了员工对工作的热情，再周密的考核和管理都只能让你做到一般甚至更低的水平。

第三，企业还应该导入和构建旨在激发员工积极性和创造性的改善机制，并辅之以相应的（*精神为主、物质为辅*）奖励措施。只要能够设法让绝大多数员工参与改善活动，你也许就可以进入一个新境界，因为原有的"处罚文化"会逐步被"奖励文化"所取代。最终，企业就可以形成包容进取的管理文化。要注意，促进全员参与才是问题的关键，少数精英分子的所谓"变革"终究不能为企业带来持续的竞争力,也不可能形成积极变革的管理文化。

  当然,要实现这种转变,需要企业经营者和管理者拿出智慧,认真学习,付出耐心,并矢志追求。

## 九、管理也需要审美

大学商学院或管理学院的毕业生没有能力评价或感知管理现状，也无法帮助客户企业规划或描述美好的未来。之所以会这样，是因为他们没有在高水平企业工作过，基本没有关于管理审美的经验和能力。

### 1. 管理审美和管理审美能力是什么

为什么许多人辨别不了管理的美丑，甚至以丑为美呢？答案很简单，因为这些人不具备管理审美能力。

管理审美和管理审美能力是我提出的新概念、新思想，可以帮助企业更好地理解管理除了好与坏之外，还有美与丑，有利于升级管理的质量和品位。

经常有人问我："你们是一家管理顾问公司，为什么不招收大学商学院或管理学院的毕业生做顾问，而是招收一些出身于优秀跨国企业的从业者呢？"

事实上，我们曾招收过管理学院的毕业生，这些学生有知识、有形象，而且能说会道，但缺点是他们进入客户企业后，无法评判客户企业管理的好坏、美丑，看不清企业"丑"到什么程度，更无法想象经过我们一年、两年或三年辅导之后，客户企业能够"美"成什么样子。

比如对着一台缺乏维护、保养的大型自动化设备，一个管理学院的高才生也许会感叹："哇，好先进的设备。"而我们的顾问却能够看到这台设备的维护保养状况很糟糕，能从噪声、漏油、安全隐患、润滑、点检、操作、磨损、故障频次和故障时间等维度感知问题的严重性。而且，他的大脑里会浮现出如果不加以改进的后果是什么样的；如果按精益思路改善，这台设备将会发生怎样美好的变化，这是因为他在大量实践中见识过管理的丑和美。

我的侄子被位列世界 500 强的 R 公司录用，尽管工作不错，但他总感觉自己在 R 公司进步太慢，学不到更多的东西，工作五年之后选择创业。

由于业务需要，他接触了许多国内中小型企业，经常感慨国内中小型企业和世界 500 强企业在管理上的差距。进而庆幸自己在 R 公司努力工作了五年，学到了很多东西。在优秀的企业工作最大的收获是，在潜移默化中增强了对管理的审美意识和能力，知道了管理状态的好与坏、美与丑。

他之所以感觉自己在 R 公司长进不大，是"只缘身在此山中"，认为周遭的一切都是理所当然的。有了管理审美意识和能力，就可以很容易发现客户企业存在的问题，也比较容易设想和描述通过管理和改善活动，企业可以达成的目标和愿景。

和其他事物一样，管理状态也有"美丑"之分，管理也需要审美和审美能力。所谓管理审美就是评判管理状态的原则和尺度，而管理审美能力就是判断、建设、表达管理美的意识和能力。

**2. 如何培养管理审美意识和能力**

我在理光工作的时候，有一天我们几位高层受邀参加一家五金零配件供应商的新厂落成仪式。新厂办公楼装修豪华，落成仪式排场很大。如此舍得花钱，可以判断这家企业经营状况也许是好的。

但是，因为办公楼的豪华和仪式的铺张，给我们带来很不好的体验和感受。回来之后，采购部就接到有关领导的电话，要求全面审核采购单价（该供应商凭什么赚那么多）。可见，这家五金厂所做的努力并不符合管理审美，花了钱办成了坏事。

还有一家国内企业，上市之后十分风光。某日，该企业邀请省领导到厂视察，领导看完之后留下两句话：第一句是"你们很有钱"；第二句是"你们真没有文化"。听到领导这样的点评之后，管理层面面相觑，知道是批评，却不甚理解，更不好追问领导说的是什么意思。

不久，这家企业成了我们的客户，我看完工厂后发现领导所言不虚，没有文化的意思应该是说：在贵公司除了用钱堆砌的豪华之外，看不到任何文化积淀，比如员工创新行动、创新成果、企业价值理念等。

在管理审美的价值判断中，有些是不变的道理，而有些则是依条件的变化而变化的。

比如节约是美，浪费是丑；谦卑是美，傲慢是丑；整洁是美，脏乱是丑；服务是美，官僚是丑；精益求精是美，马马虎虎是丑，这些审美价值是基本不变的。

重资产和轻资产哪个好？高定价和低定价哪个好？张扬和低调哪个好？这些审美价值是不确定的，会因时、因地、因人而变。

管理审美还有外在和内在之分。现场秩序井然、设备保全完好是外在美；员工态度积极向上、企业文化温馨明快是内在美。企业盈利能力强是外在美；企业永续经营能力好是内在美。外在美和内在美相互影响，互为因果。同时拥有内在美和外在美的企业才是真正优秀的企业。

企业可以从以下几个方面着手，逐步培养、提升管理者和员工的管理审美能力。

一是走出去看。看优秀企业到底美在哪里，是怎样塑造、展示和解说美的。若有机会到丰田等优秀企业学习，我建议一定要从管理审美的高度去看、去听、去问、去感受。

二是请进来讲。要把拥有管理审美经验和能力的实战专家请进来，听他们讲，并从他们的经验和案例中汲取关于管理审美的经验和智慧。

三是实践中修。最好是让拥有管理审美经验、能力的专家带着干部和员工一起修。所谓修，就是在持续不断的改善行动中，体验在管理上变化、突破和颠覆的过程，收获属于自己的管理审美经验、意识和能力。

企业只要按照我的建议去做，团队就将拥有越来越高的管理审美境界。当然，管理审美能力的培养是一个循序渐进、不断积累的过程，不可能一蹴而就。

## 十、为什么要倡导精益全员营销

我曾在理光集团的深圳公司服务十年,是公司成立之初最早进入的本土员工之一,亲历了建厂、投产到销售过程中遭遇的种种艰辛和困难。

理光深圳工厂于 1991 年开始建设,1992 年投产,负责生产销往欧美市场的全新战略性产品——小型复印机。投产之后,产品在欧美市场的反应一直不温不火,连续数年销量都不及预期。

理光总部及欧美地区负责销售的高层多次来到深圳工厂现场办公、研究对策,但销量依旧无法突破。欧洲区销售代表提出,销售不好的最大原因是"Made in China"在欧洲口碑不好。所以,他们提出把产品和包装上的"Made in China"标识去掉,或把标识做小,做得更隐蔽一些,免得引起用户注意……

尽管这样的建议没有被采纳,但在听到这些话的时候,我们都有被冒犯和伤自尊的感觉,有一种深深的挫败感。因为深圳工厂经过四五年的管理积累和精益改善,已经具备了相当高的管理水平，而且产品质量与日本本土产品相比毫不逊色。

在深圳公司内部，我们做了大量研讨，也尝试了很多办法，都无法解决客户的信任问题，最后决定把欧美主要经销商近百位代表全部请到深圳来，让他们亲临工厂，见证深圳理光的卓越管理，借此打消他们对"中国制造"的各种顾虑和不信任。为了接待这批远道而来的"挑剔客人"，我们做了充分的准备，而且决定让一线员工（工人）在接待工作中唱主角。

功夫不负有心人，此次活动大获成功，效果远超我们的预期，那些骄傲甚至傲慢的欧美高层走在秩序井然的车间，看着现场实效的改善，听着员工认真的讲解，都不约而同地对深圳工厂和中国工人竖起大拇指。他们在感动之余说道："中国工厂这么优秀，中国工人这么出色，产品一定是可靠的，我们有什么理由不努力把它卖出去呢？"

听得出来，通过这次活动，他们的内心对工厂、员工和产品产生了十足的底气，有了这份底气，何愁产品卖不出去？

后来，深圳产品在欧美市场上的销量一路攀升，不到三年的时间，理光的小型复印机在欧洲市场上的销量逆袭成功，达到了40%以上的市场占有率。深圳理光的成功让理光集团的高管们信心大增。之后，理光集团不断加大对深圳公司的投入，使之成为理光在全球范围内的标杆，其规模最大、管理最好、效率最高、赚钱最多。

可以发现，这次活动其实就是一次成功的精益全员营销活动。它给我们带来几个重要启示：一是销售不好，有可能是销售人员或客户对工厂和产品缺乏信心；二是能够给销售人员或客户信心的，除了产品质量过硬，更重要的是工厂现场、管理细节和一线员工；三是销售好坏不仅仅是销售部门的事情，更是公司全体员工的事情。

至此，我们懂得了精益管理对销售和企业规模发展的重要战略意义，理解了精益全员营销的精髓。深圳理光的这个活动，为我日后提出"精益全员营销理论"奠定了基础。

企业为什么需要精益全员营销？

最近几年，许多企业抱怨生意越来越难做，问题之一就是销售遭遇瓶颈，很难像以前那样势如破竹、快速扩张了。

究其原因，有两方面因素值得注意：一是世界范围内的需求增长速度放缓，产能相对过剩，企业间的竞争日趋白热化；二是消费者越来越成熟，在选择产品和服务的时候日趋理性，对产品生产的源头等给予了越来越多的关注。

对于前者的大环境变化，企业唯有建设内在竞争优势，别无他途。对于后者，企业除了持续升级管理和技术，还可以在销售或营销模式上进行创新。

已经有不少变革营销模式的例子，特别是服务型企业，它们为了迎合越来越理性的消费者，满足顾客的需求，做出了各种积极的改变。

比如越来越多的餐馆不再视厨房为禁区，开始向顾客展示厨房的样子，有透明厨房、开放式厨房，有的甚至把料理操作台摆在顾客面前，让顾客能够在观赏匠人熟练操作的同时享用美食。

餐馆还对食材的原产地（安全性）越来越重视，想出各种追根溯源的办法，让客人知道大米、蔬菜或茶叶等都产自哪里，更有人通过互联网技术做成可实时观看的App，向消费者展示食物的产地、生长环境及作业者劳作的场景。所有这些都是服务型企业主动营销的创新做法，值得学习、借鉴。

其实，工业品销售和营销也同样遇到如何提升客户信心的问题，只是绝大多数企业经营者还没有意识到其重要性而已。比如中小企业主抱怨某大企业的验厂很麻烦，要求很高。为什么大客户要验厂？正是因为大客户对对方没有信心。中小企业主又为什么觉得大客户的验厂很麻烦？是因为自己的管理不精益、太糟糕。

在产品采购招投标的时候，越来越多的招标单位要求考查工厂，以便确认生产过程是否可靠，产品质量是否有保障。

也就是说，如果工厂秩序混乱、产品保护欠缺、生产效率低下、员工工作马虎，就会降低投标成功率，制约企业规模发展，反之亦然。可见，该是企业认真思考精益管理和营销模式创新的时候了。

我强烈建议，制造型企业必须尽快学习并导入精益管理活动，优化工厂秩序，完善产品保护，提升生产效率，激发团队士气；与此同时，开展基于精益管理的精益全员营销活动，主动把工厂现场、管理细节和一线员工的良好状态展现给客户，给客户信心，让客户感动，提高品牌议价能力，使销售工作不再难做，推动企业可持续发展。

## 十一、工厂节能降耗的五个步骤

对绝大多数制造型企业来说，节能降耗，大幅度提升单位资源产出率水平，是企业增效的重要方面。那么，到底该从哪些方面进行节能降耗，又该如何节能降耗呢？

先来看一个存在电能浪费的典型问题。了解装置型工厂的人都知道，连续生产的设备，基本上都是"一键开关"所有电源。也就是说，一旦打开电源开关，整条生产线的每一个部分都开始运行，不管它有没有价值，都开始消耗电能。比如，一条生产线长100米，早上八点钟启动电源，生产线就开始运转，然后员工开始投入原料。从原料投入到产出产品总共需要30分钟。理论上讲，这条生产线运行的前30分钟里，所耗费的电力中有一半是浪费。

也就是说，从精益的视角出发，人们可以发现：很多时候，某些设备是没有价值地空转，它的耗电就是浪费。只要你在现场用心观察，还可以发现很多类似的空转浪费，怎么办？

今天教大家一个很好用的改善办法，这个办法总共分五步，特别适用于耗电量大的装置型连续生产企业。当然，其他行业企业也可以参考使用，可以大幅度降低电力消耗。

第一步，识别成套装备中耗电量大且可以独立运行的设备单元。比如浮法玻璃生产线，一般分为配料、熔制、成形、退火等工序，以及工序间的运输滚筒等多个设备单元；

第二步，把从前的电源总开关化整为零，改为多个电源开关，分别控制各个独立运营的设备单元。这样做，可以按需开关电源，避免一键全开的问题；

第三步，在每一个独立运营的设备单元上安装一个电表，以便单独记录用电量，并对单位电能产出值进行记录、分析和管理；

第四步，根据试机、开机、停机、换型和维修等不同运行状态，具体决定各个设备单元电源开闭的时间，以便减少或消除无价值空转造成的能耗；

第五步，各个独立设备单元之间开展节能降耗改善大赛，看谁做得好，看谁省得多，看谁有创意，由企业给予表彰和奖励。

只要坚持这样做下去，工厂能耗就可以得到大幅度改善。这是一个很好的精益方法论，早用早受益。

## 十二、如何从痛苦管制走向快乐运营

经常有企业中层抱怨自己的工作很难做,高层给压力,基层还抵触,自己是"夹心层",吃力不讨好,这样的管理者不在少数。为什么会这样,又如何解决这个问题?大家都知道,绝大多数组织都是由高层、中层和基层三级组成。三个层级的分工也是比较明确的:高层负责思考和提出目标,中层负责分派任务和管理监督,基层负责执行和落地。在绝大多数人看来,这种分工天经地义。

其实,看似符合效率化原则的运行模式其实效率不高,还会痛苦不堪,为什么?原因至少有以下三个。

第一个是力道衰减,结果不佳。大家都知道,能量或信号衰减是一种物理现象。运行管制模式时,从领导发出指令到转化为结果也是一个信号或力量传递的过程,所以逐级衰减在所难免。

第二个是监督加码,成本增加。为了落实监督管理工作,人们不仅需要设定各种要求和基准,还需要制订各种监督工作计划。很显然，管理者花费在计划制订和工作监督上的时间越来越多，成本增加。

第三个是上下抱怨，影响士气。在管制模式中，高层抱怨中层执行力差，中层抱怨基层素养、能力和责任心差，基层抱怨中、高层缺乏同理心，没有爱心。上下抱怨会严重影响团队士气。

我们倡导的精益思维是要学会放弃处处管控、事事考核的落后做法，设法唤起员工善意，激发员工参与改善的积极性；要求大家认清传统管制模式的"恶"，并不是要否定管理的作用，而是建议管理者转变工作作风，学会在企业内运营快乐的精益管理模式。在这个快乐模式里，企业高层转型为"投资人"或"拉拉队"；中层转型为"导演"或"教练"；基层转型为"演员"或"明星演员"。通过促成三方良性互动，不仅能够极大地提高工作的质量和效率，还能够促进员工快乐地参与，建设优秀的企业文化。

第一，要促成"投资人"和"导演"之间的互动。"投资人"要和"导演"一起就精益计划和改善目标进行探讨，并达成共识。"投资人"和"导演"还可以进行定期或不定期交流，就精益计划和目标达成状况进行确认。

第二，要促成"导演"和"演员"之间的互动。在精益管理中，"导演"的主要工作是积极推动精益管理活动，并为"演员"准备好舞台；"演员"的主要工作是积极参与改善，时刻做好登台发表改善成果报告的准备。必要时，"演员"要主动请求"导演"和"教练"予以指导。

第三，"投资人"和"演员"之间的互动。时机成熟的时候，"导演"就可以让"演员"登台，进行改善成果发表。这时，"投资人"要扮演好"拉拉队"的角色，欣赏"演员"的表演。只要能够得到"投资人"的欣赏和激励,"演员"就会感觉到所有的付出都是值得的,并从内心生发出一股想要做得更好的力量。

通过促成以上三个良性互动,企业就可以在实现效益提升的同时收获员工的广泛参与和快速成长。坚持这样做,管理者和领导就可以省去大量的监督工作,提高工作效率,建设优秀快乐的管理文化。

# 附录

# 刘承元精益访谈录

## 要点1：精益管理如何改变制造业

（刘承元博士接受中国财经出版传媒集团于常印记者采访，稿件入编2017年7月《深圳十大管理咨询顾问》一书，内容有删减）

**记者：**使命感是企业家必备素质之一，也是成就伟大企业的重要元素，刘董事长倡导的"制造强，中国强，管理改变中国"的重大意义是什么？

**刘承元：**很长一段时间，人们对制造业不关注、不重视，把太多的资源倾注在了地产、互联网和金融等看似赚钱的行业，制造业大有被边缘化的危险。而世界经济发展的经验与铁的事实告诫我们，制造业是一国经济的脊梁，特别是对中国这样的大国来说更是如此。为了让更多人重视制造业，不致于造成制造业空心化，也为了唤起人们对管理的真正重视，我们在十多年前的2006年就花了数十万元，专门在凤凰卫视做了近半年的公益广告，广告词就是"制造强，中国强，管理改变中国"。

2015年5月，国务院印发《中国制造2025》，它是部署全面推进实施制造强国的战略文件。我们为此感到欣慰与鼓舞，内心充满自豪！我相信，在国家战略的引导下，中国制造将迎来又一个崭新的发展春天，而制造业者将会更主动、更自觉地学习和实践精益管理，在做大做强中国制造的道路上继续发愤图强。

**记者：精益管理的概念与精髓是什么？**

**刘承元：**我认为，精益管理的概念，要把握住"精"与"益"两字。"精"，就是在管理过程中不消耗计划外多余的资源；"益"，是要让所有管理活动有效益。因此，精益目标始终追求零库存、零浪费、零故障和准时化等理想的高境界。而事实是，世界上并没有绝对的零库存、零浪费、零故障和准时化等，只能无限靠近这些目标，或即将抵达，这是一种理想境界。从这个意义上讲，"精益"是一种持续不断追求更高境界的改善过程，是一种经营哲学、一项事业、一种信仰。根据我们的经验，精益管理的精髓可用8个字来概括：全员参与，持续改善。也就是说，即使是一家管理水平较低的企业，只要能够做到"全员参与，持续改善"，那么它就是一家精益企业，就能够走向美好的未来。相反，即使是一家管理水平较高的企业，如果不能做到"全员参与，持续改善"，那么它就不是一家精益企业，可能很快会被对手超越。

**记者：推进精益管理，企业可以获得哪些效果？精益生产推行失败的原因有哪些？如何避免？**

**刘承元：**推进精益管理，企业通常可获得四个方面的效果：一是现场管理、工作系统及作业标准的优化；二是员工与团队的不断成长；三是持续改善文化的逐步形成；四是显著的有形财务效果。这四个方面的效果互为支撑，互为因果关系。

精益管理推行失败的原因有很多，但根据3A公司的经验来看，客户企业领导不坚定、不支持、不参与和不智慧是问题的关键。不坚定是指企业领导缺乏定力，太"好学"，追"时尚"，总是期望找到一招制胜的"秘籍"，试了东家不成，再试西家，搞得管理者和员工无所适从，其结果常常以失败告终，次数多了，失败成自然，我把这种现象称为企业管理中的"习惯性失败"；不支持是指企业领导对精益态度暧昧，表达支持不清晰，不能提供必要的资源。在这种情况下，那些消极的员工继续消极，那些积极的员工会怀疑自己，而多数员工会在摇摆中消磨时光；不参与是指企业领导以为出了钱就可以解决所有的问题，不参加精益会议，不观摩现场变化，不欣赏点滴改善，不激励员工士气等，其结果是，员工参与热情深受影响；不智慧是指看不到员工行为上细微的变化，看不起管理上细小的改善，甚至以轻蔑的态度或口吻贬损员工的改善。好领导一定要有大智慧。

只要客户企业领导能规避以上四类问题，正确对待精益管理推行工作，专家顾问就能够很快发动中、基层管理者与广大员工积极参与，让精益管理推行工作获得成功。

**记者**：目前，一些企业引进5S管理，效果如何？5S管理与精益管理的关系是怎样的？

**刘承元**：5S现场管理法可以说是一切管理的基础。5S即整理、整顿、清扫、清洁、素养，是20世纪50年代在日本兴起的一种管理方法，看上去只有10个字，内容却十分丰富。认真做好5S管理，可以改变企业管理面貌、培养员工素养，还可以提高效率、改善品质和提升收益等。丰田前总裁曾说过："如果把5S做到极致，就是精益生产。"

5S管理做得好，是一种禅的境界，是修炼人的良好形式。人们一般认为桌子脏了就要擦，而5S中的擦桌子就不同，不管桌子有没有脏都要擦，而且要按规定的频次和标准持续擦，所以擦的不是桌子上的灰尘，而是人们心中的灰尘。培养人的素养靠5S，做精益管理要从5S管理做起。

**记者：精益管理与精益技术的区别是什么？**

**刘承元：**精益管理是一个过程，而不是结果；精益管理是一种行动，这种行动必须是持续不断的；精益管理还是一种理念，甚至是一种信仰。而精益技术包括精益工具或方法，可以为精益管理服务。可是有些专业顾问以为精益技术就是精益管理，这是十分错误的认知。也有些企业高层不问青红皂白，提出请顾问公司做看板管理，做细胞生产，做5S、TPM、6Sigma等。每当这个时候，我就会问："做看板管理、细胞生产的目的是什么？"对方会说："提高效率，改善交付。"我回答："为了提高效率、改善交付，看板管理、细胞生产可能并不适合贵司的工具方法。"所以，企业要求顾问公司导入某种特有的管理工具方法，顾问公司就予以迎合，这是不应该的。正确的做法是，企业清楚做精益管理的目的，而专家顾问则要基于对客户情况的分析研究及不同阶段对方的不同需要，具体决定学习和导入哪些工具和方法。精益顾问就像医生，需要有一个精益工具箱，里面装着一整套各种各样有效的工具和方法，不应排斥任何好用的工具，也不能期望用某一个特定工具走遍天下，要针对问题特点选择最恰当的工具。

**记者：工厂管理如何实现持续改善？如何将其升华为改善文化？**

**刘承元：**首先，我们假定某工厂通过3A顾问三年辅导，已经成功导入工厂管理改善活动机制，工厂上下已经很好地接受了精益理念，学会了各种改善工具和方法，如何实现持续改善？我们的建议有三个：第一，工厂领导要扮演好"投资人"和"啦啦队"的角色，对活动提供资源支持，并欣赏和激励员工改善；第二，中层管理者要扮演好"导演"的角色，积极推进改善活动，并为员工准备好舞台；第三，广大员工要扮演好"演员"的角色，多做改善，尽情"表演"。

对于还没有导入精益改善机制的企业，所谓的持续改善是不存在的。由此可见，3A顾问的导入辅导何等重要。

企业改善文化的形成，通常需要走过四个阶段的路程：第一阶段，改变。怎样实现改变呢？多数人、多数企业以为可以靠培训改变员工，现实告诉人们，培训做不到这一点。我们在实践中得出一个重要结论——"人造环境，环境育人"。正确的认识是，人是有惰性的，而且对改变现状缺乏信心，所以要真正改变一个人，就必须有强大的外力推动，培训没有这种力量。成功的做法是：在顾问和企业领导强力推动下，让员工自己动手，从改变身边的环境、解决最简单的整理整顿问题开始；通过一段时间的实践，员工发现原来自己有能力改变现状，并在改变中建立信心。这时，只要领导引导得当，给予及时的欣赏，员工就会获得兴趣，进而对改变不再消极与抵触。第二阶段，员工有了信心和兴趣之后，我们再教他们更多的科学管理和改善方法，并尝试去解决更大的问题，促使员工实现对自身的超越。在这个过程中，员工会明显感觉到自己意识和能力的提升（成长），从成长中体会成就感。第三阶段，让改变和改善成为管理活动中的规定动作，变成员工日常工作的重要组成部分，然后持续推进。第四阶段，改变和改善成了员工的习惯，企业精益改善文化也就水到渠成了。

当然，这是一个长期坚守的过程，要有足够的耐心与毅力，千万不能期望一蹴而就。

**记者：在目前国内外经济不景气的情况下，如何理解"现场力"就是竞争力？现场管理如何让"对"与"错"一目了然？现场管理可分为哪几个层次？**

**刘承元：** "现场力"就是竞争力，这应该是公理，只是被很多人忽视了。对任何企业来说，再远大的目标、再优秀的战略、再美好的愿望，最后都要靠一线员工（包括销售、研发、生产和服务）在现场来实现。没有现场员工有效的落地，愿景、目标和战略都会落空，可见现场是一切工作的落脚点。

把一线员工的意识、技能、意愿，以及解决问题的能力加在一起，就是我们所说的"现场力"。当然，有人会说高层的领导力和中层的管理力也很重要吧？回答是肯定的。但是，如果领导力和管理力不能转化为一线的"现场力"，企业竞争力就无从谈起。

关于现场管理水平，我认为可分为四个等级：第一个等级为混沌状态，即无管理状态，其产品、工具、流程、服务和员工等所有生产要素都处在混乱之中，既没有效率，又没有质量，对客户的交付也会受到严重影响，造成经营效益低下；第二个等级是经过整理（把有用、无用的区分开来）、整顿（去除无用的，留下有用的并进行合理布局或归类管理）之后的状态，其管理状态基本明了；第三个等级是通过合理的标识实现了可视化，使管理状态中的"对"与"错"一目了然，达到外行都能够判断对错的水平；第四个等级是通过防呆、纠错等机制进行约束和预防，使员工能够实现自主管理，做到任何人都不会犯错的至高境界。

这样的认知不仅对制造型企业有效，对任何其他企业或组织的管理都有效，值得学习。

**记者：** 精益管理有没有一个通用模式或捷径可走？

**刘承元：** 精益管理没有一个通用模式，它的精髓是"持续改善，全员参与"。为了实现这个目标，需要的是一个循序渐进、持续推进的过程，需要企业上下长期坚守。所以，任何期望找到一招制胜的法宝或想走捷径都是徒劳的。人们去丰田公司参观，总是拿相机随处拍照，其实拍下的是外在的形式，而内在的东西是永远拍不到的。丰田公司之所以优秀，是其经过90多年发展持续推进精益管理的结果，他们每天都在改善和创新，才形成今天卓越的精益改善文化，这种生生不息的精益改善文化是企业获得竞争优势的软实力，是很难复制的。

要想获得这种软实力，建设优秀的精益改善文化只有一条路，需要企业上下虚心学习，积极持续地行动，没有捷径可走。精益管理是一个过程，只有把精益当成信仰，让企业全员信仰精益，并且脚踏实地去行动，才能成为优秀的精益企业。

## 要点2：如何颠覆管理中的"二八法则"

**记者**：请问刘董事长，你怎样理解自己的原创观点——管理的目的是颠覆"二八法则"？能否举例说明？

**刘承元**："二八法则"是19世纪末20世纪初意大利统计学家维尔弗雷多·帕累托提出的。他指出：在任何特定群体中，重要的因子通常只占少数，而不重要的因子则占多数，只要控制具有重要意义的少数因子就能控制事物的全局。后来，这个原理演变成当今学界所熟悉的"二八法则"，即80%的企业利润来自20%的重要客户或项目，其余20%的利润来自80%的大客户或大项目。"二八法则"告诉人们，不要平均地分析、处理和看待问题，企业经营和管理中要抓住关键中的少数，达到事半功倍的效果。

如此美妙的"二八法则"，后来被专家学者在各个领域推广。经济学家说，20%的人掌握着80%的财富；心理学家说，20%的人身上集中了人类80%的智慧……可见，这种数理统计上的不平衡性，在社会、经济、管理等方方面面中无处不在，甚至不可动摇。

后来，一些管理专家把"二八法则"推演到企业人才培养和团队建设的思考中。他们认为，团队中20%的优秀员工给企业带来了80%的效益，所以建议领导要把精力花在20%的优秀员工身上，这样做可以实现CEO（时间）价值和企业经营效益最大化。我接触了许多企业高管或CEO，他们根深蒂固地接受并身体力行地实践这一思想。

一则管理寓言故事生动诠释且推翻了"二八法则"：鳗鱼苗养殖曾经是相当有难度和风险的一门生意，经常是靠运气吃饭。原因是，鳗鱼苗成活率始终在低水平徘徊，运气好的时候能够达到20%~30%，运气不好的时候连20%都不到。也就是说，每次在鱼池里投放100万只小鳗鱼苗，最后活下来且能出售的只有20万只左右，另外的八成左右沉入了池底变成了"鳗鱼泥"。

很多年来，农户们对此无计可施。有家农户有个上大学的儿子，深知父辈养殖鳗鱼苗的艰辛和无奈，毕业后回到家乡，希望用自己所学到的知识帮助父亲走出困境。他尝试了许多办法，比如经常换水保持好的水质，改良饲料促进消化，安装保温设备调节水温等，但终究没有明显提高鳗鱼苗的成活率。怎么办呢？他想到了求助农业大学的教授，教授带着助手应邀来到他的家里并住下，开始对养殖过程和成活率数据等进行记录分析。分析结果显示：整个喂养过程没有问题，一切都按照标准流程进行，20%活下来，80%死掉，这与他们崇尚的"二八法则"完全吻合。调研的结论有两条：一是"二八法则"是自然界的客观存在，不可违背；二是建议坚持重点主义思想，把能够活下来的20%养好，卖个好价钱实现盈利。

这位农民的儿子是一位颇有悟性、永不服输、敢于挑战的年轻人。他在一次某实战专家的精益课堂上收获了一个颇富哲理的管理思想，即在管理工作中，"二八法则"是拿来颠覆的，如果听命于"二八法则"，是管理者无能和不作为的表现。这句话深深地打动了这位年轻人的心，回到家后他开始了更细致、更深入的研究，并关注每次喂食时鳗鱼苗的活动情况。经过多次观察后他发现：每一次投食，对众多鳗鱼苗来说都是一次不折不扣的艰苦战斗，为了顺利吃到鱼食，它们本能地也是毫无秩序地往上冲。那些身体比较健壮的总能冲到最上面并顺利吃到鱼食，而那些身体素质稍差的，拼死拼活也很难浮到水面上来。最坏的情况是，经过几轮搏杀之后会有一批鳗鱼苗连最后一点上浮的力气都没有了，数天下来它们就这样被活活饿死在池底。这就是自然界中优胜劣汰、适者生存的法则。"二八法则"成为鳗鱼们无法逃脱的"魔咒"。

他接下来的思考是，能否通过外力颠覆或打破这种"魔咒"，人为创造一种环境条件，让身体健壮的、孱弱的鳗鱼苗都有机会甚至是均等的机会获得鱼食呢？这位年轻人拥有精益思维，总会找到更好的办法。

皇天不负有心人。他最终想到了一个简单易行的好方法，即在每次投食的时候，采用搅拌（在鱼池底部安装搅拌叶片，搅拌时从底部中心向上冲水，让鱼池里的水形成对流）的方法来解决这个难题。实验表明，只要搅拌的力度大到连身体健壮的鳗鱼苗都无法应对的时候，所有的鳗鱼苗都会被水流推到水面上，轻松且较均等地吃到鱼食。如此改良的结果让年轻人欣喜不已，因为他的鳗鱼苗成活率竟然提高到了90%以上，成了大家学习仿效的榜样……

  我们从中发现，在管理上如果听命于"二八法则"的安排是十分错误的。因此，管理的目的就是要摒弃精英主义，主张全员参与，通过激发全体员工的积极性和聪明才智，来推动企业发展，颠覆"二八法则"。

## 要点3：中国企业管理有哪些问题，如何改善

**记者**：目前，在中国企业管理中难以根治的顽疾有哪些？

**刘承元**：我认为，关键之处，就是我们的传承和改良做得不好。绝大部分企业或组织的新领导上任后都乐于推倒重来，以彰显自己的领导力和与众不同，造成管理无积累，这是十分错误的。在企业经营方面，如果没有传承和改良，怎么能够成就百年老店和经久不衰的名牌？

为什么不能传承呢？主要是企业内部关于传承和改良的约束机制建设不足造成的。日本企业在传承和改良机制上下了大功夫，值得我们学习和借鉴。

**记者**：刘董事长的原创观点"中国企业管理中的六大缺失"，发现了制约中国企业发展的症结，请你谈一谈具体内容？

**刘承元**：根据我20多年的企业管理实践，我认为可归纳为以下六点。

第一，有理想，没信仰。我们从来不缺伟大的理想，但是我

们缺乏对"道"（天道、地道、人道）的敬畏。所以，在追求"理想"的过程中，行为与理想产生背离。

第二，有组织，没传承。足球也好，企业也好，都是通过一个组织来运营的。为使组织更具活力，代际更替是必要的。问题在于，实施组织代际更替时，企业没有有效传承的良好机制。

第三，有目标，没战略。企业高层特别喜欢提目标，如名次目标、销售额目标，提出目标后，就期望通过绩效考核达成目标，考核不合格就换人。企业高层不能针对目标提出有效的战略（**超越对手的竞争策略**），也不能将战略分解为课题、措施并落实为员工的行为，这是企业高层典型的失职行为。

第四，有制度，没机制。"管理靠制度"这句话在中国早已"深入人心"，在有些企业甚至达到迷信的程度。如果没有机制（**结构化管理办法**）的硬约束，大量的制度只能成为摆设，不能被广大管理者所接受，也不能成为员工的自觉行动。

第五，有口号，没措施。在组织管理过程中，空洞的口号比比皆是。比如强化内部管理、加大管理力度、提高执行力等。管理者很少研究强化管理、提高执行力的具体措施和方法，没有具体措施和方法的保障，再响亮的口号也只是一句空话。

第六，有管制，没参与。人们除对制度迷信外，对管制也十分热衷。有些企业经营者经常向我抱怨员工不爱参与，缺乏主人翁精神。在我看来，不是员工不参与，而是员工缺少舞台，无法参与；不是员工缺乏主人翁精神，而是员工深受管制约束，不能成为主人。在一些企业里，不管是年初的动员会，还是年底的总结会，员工始终充当看客和"啦啦队"的角色。事实证明，员工不爱参与或缺乏主人翁精神，都是企业热衷管制的必然结果。

如果以上六大缺失不能补强，正逐步失去资源、价格优势的国内企业将面临困境……

**记者：请问刘董事长，中国制造业管理粗放，主要体现在哪些方面？如何提升企业效率？**

**刘承元**：20世纪末与21世纪初，中国经济高速发展，世界制造业向中国转移，许多企业发展太快，订单太多，没有时间做管理，造成了企业管理粗放。管理粗放主要体现在以下两个方面：一是资源效率不高，许多方面人均产出及其他单位资源产出较低；二是质量稳定性有待提高。做精益，就是要全面提升单位资源的产出率，提升产品质量的稳定性，这就是先进的精益思想，所以企业必须走精益管理之路。

这里需要纠正一个观点，人们普遍以为效率的极限是100%。其实不然，如果说产品质量合格率的极限是100%，那么效率提升是无极限的，可以是100%，也可以是200%、300%……这可以通过管理升级或技术创新来实现，这些都是精益管理追求的目标。

**记者：如何理解"效率提升是无限的"？能否举例说明？**

**刘承元**：我认为，效率提升是无限的，一般可通过两个途径实现：一是管理升级；二是技术创新。

某集团的董事长对我说："我们集团生产效率提升的空间不大了。"他说理由是制造事业部总经理告诉他"生产线效率已达96%，只有4%的增长空间"。当董事长都认为生产效率只有4%的提升空间的时候，团队哪里还有改善提升的强烈愿望？

我郑重地对这位董事长说："生产效率不是以100%为极限，效率提升是无极限的。"后来，我们帮助这家企业导入精益管理，两年时间效率提升近一倍，用事实改变了这家企业上下对生产效率固有的错误看法。

**记者**：请问刘董事长，中国企业为什么管理升级慢？如何让三流企业跃升为二流或一流企业？

**刘承元**：中国企业管理升级慢的根本原因，是对"育人"缺少正确的思考，更缺乏有效的育人机制。人们错误地认为，育人可通过培训来实现。因此，名目繁多的培训在中国大行其道，许多企业不惜花重金做培训，可是企业员工并没有成长或成长很小。

我的原创"自主创新经营理论"主要把造物与育人的关系从结构上讲清楚，该理论指出育人要从三个方面入手：一是对员工进行人格树立与培养，并把正确的做人要求与方法灌输给他们；二是对员工进行必要的训练，主要包括两部分，其一是技能训练，其二是认识问题与解决问题能力的训练；三是培养员工工作和改善的意愿。在企业，运用机制、氛围和文化的力量推动员工主动发现问题、解决问题并使其成为习惯，是企业升级管理的必由之路。

怎样让三流企业跃升到二流乃至一流企业呢？不少企业CEO问我，总是招不到一流人才，怎么办？我问他们："你们企业是几流的？"他们说："三流的。"我说："三流企业通常只能招来三流的人才。因为你们企业的土壤与生态可能只适合三流人才生存。"就像什么样的自然环境生长什么样的植物，只有把企业团队的人才从三流培养成二流乃至一流，才有可能招来二流或一流人才。很多"空降兵"空降到企业之后，往往都是在改变企业之前就被赶走了或被同化了，说的就是这个道理。

企业通过育人才能真正提高管理水平。企业进步和发展归根结底必须以员工成长为依托。

**记者：制度迷信与机制缺失是目前中国企业管理的通病，其危害有哪些？如何解决？能否举例说明？**

**刘承元：** 当前，制度已成为企业的时尚。遗憾的是，迷信制度的危害很大，许多人却还津津乐道。这是因为许多企业制定了很多针对人的控制措施、奖罚制度，是典型的管制文化。人们认为有制度就可以管人，有制度就可以管事，现实并非如此，很多时候制度并不可靠，且管理成本又高。制度泛滥是大企业病的表现。层层监督、人盯人的做法不仅没有效率，还会造成人心涣散。因为许多制度形同虚设，会造成企业管理信用下降，企业或管理者的威信受损。企业有两个信用：一是管理信用，说到做到，或者只做不说；二是经营信用，就是对银行、供货商及员工的支付信用。企业没有信用是很可怕的事情，终会坍塌，需要引起管理者高度重视。

机制是一种牵一发而动全身的结构化方法，通过约束力来达到管理目的。比如宾馆为了节电，使用取电门卡，进房间可开锁，插上门卡可以取电；离开房间，取走门卡，房间的所有电器全部断电。因为不拿门卡进不了房间，房客自然想到离开房间一定要取走房卡，这个机制约束房客进行自我管理，节电效果非常好。在企业管理实践中，善用机制不仅可以使管理更有效率，还可以促成员工自主管理，形成良好习惯，使其心情舒畅。

**记者：请刘董事长谈一谈你原创的员工积极性的概念？如何才能真正调动员工积极性？**

**刘承元：** 下面我用一个事例来说说什么是员工积极性，以及如何真正调动员工积极性。有一次，我到一家企业去签咨询服务协议，签字后我对客户CEO说："请3A公司为你们服务，除了提高具体有形的管理绩效外，最重要的是能帮助你们提高员工积极性。"这位 CEO 说："我们的员工积极性可高了，他们早出晚归，基本上晚上 9 点之前不下班，工作很努力。"我说："员工晚上 9 点之前不下班不见得是积极性使然。我猜想两个不太美好的理由，一是生产任务没有完成，厂长不让他们下班；二是白天 8 个小时工作，其所得太低，不足以养家糊口，需要以加班作为弥补。除了这两个原因外，有没有员工自动自发、不计报酬地加班？"CEO 略加思索后摇摇头说："可能没有。"可见，员工加班加点不一定是积极性使然。

什么是员工积极性呢？就这个问题，我经常和总裁班学员进行对话，比如我问："员工积极性重不重要？"回答是"重要。""想不想调动员工积极性？"回答："想。""为了调动员工积极性，都采取了哪些措施？"回答："加工资、发奖金、提福利、做培训、做激励、嘘寒问暖、促膝谈心……""员工积极性调动起来了吗？"回答突然没有了底气，原因是大多数时候没有调动起来，即便感觉调动起来了，但很快又落下去了。更严重的是，该调动的积极性没有调起来，而胃口和欲望倒是被充分调动起来了。为什么会这样？最根本的原因是，企业对什么是员工积极性缺乏正确的认识。

接下来，我还会问总裁们："既然调动员工积极性是如此重要的工作，那么就应该有评价员工积极性的管理指标、目标，你们有吗？"此时，总裁们被彻底问住了，回答当然是没有。管理大师彼得·德鲁克说过："没有指标和目标的工作是空谈。"也就是说，总裁们的"要调动员工积极性"只是空谈，他们既不清楚积极性为何物，又没有关于积极性的衡量指标和目标，提高员工积极性就是一句空话，所做的努力就是"无的放矢"。

我给出的定义是，所谓"员工积极性"，就是员工主动付出智慧的意愿与行动。换句话说，"能够主动发现问题，动脑筋想办法解决问题或积极改善创新的员工，就是有积极性的员工"。如何衡量"员工积极性"呢？世界级优秀公司丰田、三星、理光等都是以"发明创造或专利数量、改善数量"来衡量的。国内有些企业也在践行我的思想，华为就是其中的优秀代表。华为可以骄傲地说，其员工积极性被充分调动起来了，依据是它已成为"全球专利遥遥领先的企业"之一。

听到这里，客户CEO谦卑地表示，一定要请3A顾问帮助他们调动员工积极性，因为员工积极性才是企业获得竞争优势的核心软实力。

其实，懂得这些道理之后，调动员工积极性就没有那么难了。我们在辅导精益管理的时候，通过制度、机制、氛围和文化"四箭齐发"，很快就能够把客户员工积极性调动起来，让他们焕发出无限的激情和创造力。

**记者**：请问刘董事长，在精益管理中，细节决定成败如何体现？能否举例说明？

**刘承元**：细节决定成败可以从两个层面理解：一方面，可从"人"的层面理解。只有关注细节，从小事做起，在细节处持续下功夫，才能培养一个人的素养与良好的习惯。所以，企业领导要学会关注细节，从那些重复的小事抓起，持续关注员工行为，就能让员工养成良好的习惯，提高素养水平。另一方面，从"事"的层面理解。管理上有一个微缺陷成长学说，300个细节上的疏忽或微缺陷会成长并孕育出29个事故隐患或中等缺陷，29个事故隐患或中等缺陷会成长并孕育出一个大事故或大缺陷，为了杜绝大事故或大缺陷的产生，就必须从消除细节上的疏忽或微缺陷开始。可见细节的确很重要，细节决定成败。强调细节重要的同时，企业也要知道战略的重要性，战略也同样决定成败，企业必须很好地兼顾细节和战略。

## 要点4：精益管理咨询的特点与经验

**记者：** 目前，3A公司主要从事哪几项业务？如何为企业制订一个高效的、可操作的管理咨询方案？精益管理咨询方案分为哪几个部分？如何才能做到位？

**刘承元：** 我们目前的核心业务是精益生产、精益TPM、精益研发、精益营销、精益战略与人力资源管理、自主创新经营与阿米巴、数字CEO软件和精益改善App等业务。我们的管理咨询业务分三个步骤完成：一是调研与诊断；二是提供一个咨询方案；三是手把手辅导企业落地。为把管理咨询做出效果，我们开发了一套独有的方案落地管理模式。首先，我们采取每月派顾问驻厂辅导，通过手把手教导，做出样板；其次，在公司内全面推广，保证方案措施全部落地；最后，也是最关键一点，是调动客户员工积极性，让他们积极参与方案的实施，扎扎实实、健康有序地做好每一个细节，保障达到预期的效果。

**记者**：3A作为一家成功的管理顾问公司，请刘董事长谈一谈3A公司自身具备了哪些条件与优势？最能代表咨询顾问的品德与专业水准的是什么？

**刘承元**：我认为，最重要的是，首先我们要拥有一支具有成功职业经历与良好职业素养的专家队伍；其次，我们拥有自己的一套被市场长期验证的成功咨询模式，能确保对客户的服务效果；最后，市场需求牵引和团队（质和量）能力提升基本同步。有订单，没优秀团队落实落地，客户终究会离去；有团队，没订单支撑，团队终究会解散。许多顾问公司 CEO 之所以痛苦不堪，就是没有办法解决好这对矛盾。我们15年来业绩获得持续增长，团队（质和量）也实现了同步成长。当然，之所以业绩能够持续增长，始终处于良性发展，是因为我们赶上了中国制造业高速发展的大好时机，所以我们感恩这个时代。也就是说，在今天，即便有一帮同样优秀的人要想从头开始做一家与3A齐名的顾问公司，也是十分困难的。

作为一家优秀的顾问公司，其领导和成员要有胸怀，有使命感，要有为社会、为事业作贡献的崇高境界，不能光想着赚钱，这一点极为重要。在社会上，有许许多多的人，始终聚焦于研究自己赚钱的所谓商业模式，而很少研究客户价值最大化的方法。那么这些人即便可以通过"忽悠"或"模式"赚到钱，但如果没有客户价值支撑，企业经营是不会长久的。相反，3A公司很少研究自己赚钱的模式，反而始终聚焦于如何让客户得到实惠。这样做，尽管自己赚钱有点慢，但可以基业长青。我们之所以能获得客户认同，实现高续约率，就是因为我们真心为客户做事，做好事、做实事。

具体到对顾问师的要求，那就包括更多的内容，归纳起来就是"德智体"全面发展。"德"是指做人的道德修养和基本操守，一定要有诚信、共赢、务实、创新的价值信念，要懂得爱与自爱、创造与分享，一切以客户价值最大化为宗旨等。"智"是指履行职业任务的经验、技术和知识储备。我们原则上要求顾问师在世界500强企业有5年以上的历练，又要学习掌握3A公司特有的顾问技术，还要有较为深厚的知识储备和良好的学习能力，悟性要好。"体"就是身心健康。要保障咨询方案落地，坐在办公室是绝对办不到的，需要身体力行，深入生产和管理一线，在现场研究问题和解决问题，健康的体魄是十分重要的，这也是我们的一个重要条件。同样，顾问师是通过个体影响力而不是权力来推动客户改变和参与，健康的内心与积极向上的态度十分重要。

值得欣慰的是，我们的顾问师很认同公司对他们的期望，在客户处兢兢业业，激情满怀，总能以"三现"主义精神，和客户员工一起发现问题、分析问题和解决问题，实现客户价值最大化。

**记者：** 企业文化是企业的灵魂、成熟的标志，也是推动企业发展不竭的动力。请问刘董事长，3A公司已形成一种怎样的健康向上的企业文化？

**刘承元：** 一是倡导"家"文化，每一位新员工进入公司之后都会有"家"的感觉，员工之间互助友爱，关系和谐，如家人一般，公司上下已形成了基于孝道的良好秩序。二是倡导务实创新的文化，3A员工从不夸夸其谈，总是脚踏实地工作，并永不止步地追求更高的目标和更大的客户价值。在咨询行业，我们出版的专著最多，发表的论文也最多，创造了中国本土的管理理论，重构了现场诊断和咨询辅导新模式，我们总能在理论和实践等方面持续创新、不断突破，引领行业向前发展。三是倡导分享文化，既有管理经验、工作智慧的分享，又有公司发展成果的分享，并凝聚了国内最强大的顾问师阵容。四是营造了有利于员工快速成长的人才生态环境，优秀的人进得来、留得住，并拥有足够的成长空间。所有这些都是3A企业文化走向成熟的标志。有了这些优秀文化的内涵与支撑，即便竞争对手模仿、复制3A的方法，终究只能学到皮毛，而学不到内在的精髓。

**记者：当前，社会发展突飞猛进、日新月异，请问刘董事长，3A公司如何与时俱进？如何不断提升领导者的个人魅力？**

**刘承元：** 过去十多年，社会和经济发展日新月异，客户进步十分迅速，客户的需求也在不断提高，许多顾问公司之所以遭遇生存发展问题，原因是进步得不如客户快。所以，我始终要求团队的每一位成员不断学习、扎实实践，无论如何都要比客户进步快。同时，我们不断创新与优化日渐成熟的3A咨询模式，不断扩充服务的广度，不断挖掘服务的深度，决不故步自封。当然，创新是要有根基的，3A公司把创新的"根"深扎在精益管理上，保障在创新的过程中不会失去自我。我们看到有些顾问公司，市场上什么时髦他们就做什么，看上去好像善于学习和创新，其实是没有根基和缺乏定力的表现。这样的顾问公司哪来的力量引领客户，又怎么能做到基业长青？

我在公司的定位与其说是领导者，还不如说是兄长更为贴切。因为我没有领导者常有的威严，也不能言善辩，更缺乏慷慨激昂的领导气质。所以，我能做的就是以兄长的标准要求自己：其一，既然倡导"家"文化，自己的言行举止就要有兄长的风范，时时事事严格要求自己；其二，有大爱，要细心关注并努力帮助每一位员工的工作和成长；其三，在自身专业能力提升方面从没有停止过追求，并不断思考既有咨询模式的创新和优化；其四，注重经验智慧的积累、总结和分享。我已经写了几本管理书籍，并希望成为经典，每月写一篇管理论文在权威管理杂志上发表，成为专栏作家，已坚持多年。以上这些不仅在业界颇有影响，也成了员工活学活用的好教材，比如"养鳗鱼"的故事，通过故事折射出哲理的光芒，来调动员工的积极性、创造性，增强其凝聚力与向心力。

**记者：企业的力量来自团队，3A公司精英团队是怎样形成的？如何管好这个团队？**

**刘承元：**我认为，精英团队形成的关键是营造一个好的人才生态环境，这方面我们做到了，主要得益于热爱文化、分享机制和成长环境的建设。人才生态环境的好坏是有客观标准的，好的环境主要表现在"新员工进得来、留得住，老员工有能力、上得去（或没能力的走得了）"。不好的环境却恰恰相反，即"新员工进不来、留不住，老员工没能力，上不去（或走不了）"。我们公司现在平均每两个月举办一次新人选拔会，就是对想来3A的有志者进行一次培训、操练和筛选，每次都能选到优秀的新人。新人进来后，我们给他安排一位导师，采用师父带徒弟的方式关注他，帮助他成长，而且每三个月进行一次评价。除此之外，团队成员间的价值发现对团队建设有着积极意义。我们始终要求团队中的每一位成员学会反省自己的不足，学习他人的优点，并在相互借鉴和学习中共同进步。尽管我们鼓励大家在工作和能力上冒尖，但拒绝个人英雄主义，始终强调团队协作的重要作用，让每一位成员，特别是那些优秀的成员懂得，一个人能做的是有限的，要成就事业，抱团打天下更重要。

在团队管理上，我们以自主管理为主。我们的顾问要"德智体"全面发展，待人谦逊，遵纪守法，能正确对待或尽心尽力满足客户的要求，有很强的自我约束能力，所以客户评价都很好。但是，对顾问工作的评价不能停留在客户满意度如何上，还得有客观依据，即看客户是否续约。如能续约，说明客户是真正的满意，否则就是场面上的满意。

我们的这些思考与做法不仅对顾问公司适用，对制造业企业也同样适用。我认为，要想建立一个优秀团队，一定要懂得流水不腐的道理，创造一个"新员工进得来、留得住，老员工有能力，上得去（或没能力的走得了）"的人才生态模式，这样的团队才有活力与朝气，才能奔向更加美好的未来。同样，评价客户是否满意，最好不看通过调查得来的满意度，而应该确认客户是否把更多的订单给你。

**记者**：人们都说评估管理咨询方案好坏是世界性难题，3A公司如何评估自己的咨询效果？

**刘承元**：只是评价一份咨询方案的好坏当然很难，角度不同、眼界不同、标准不同，评价结果是不一样的。但是，如果愿意把评价的眼光放长远，并把评估管理咨询方案的尺子直接延伸到方案带来的实际效果的时候，评价就会变得简单。当然，愿不愿意拿咨询方案所带来的效果来评价自己工作的有效性，是顾问公司自身选择的问题。少数有信心、有能力和有诚意的顾问公司当然愿意接受咨询效果的验证，但更多的顾问公司只愿意谈论咨询方案本身，而避谈咨询效果。如此，当客户价值得不到满足的时候，还可以抱怨客户执行力低下，是客户自己造成的。3A顾问属于行业中的少数，一开始就选择通过客户价值来评估自己的工作。我们内部也有抱怨客户执行力低下的时候,但我们会自问,如果客户执行力很强,还找我们做什么?我们公司评估咨询方案好坏,首先看客户到底收获了哪些有形和无形的效果,比如现场变化、员工变化、体制和机制变化、氛围和文化变化及效益提升等,客观评价是看客户是否续约,客户续约是最有说服力的评价。

**记者:3A公司有哪些自身优势?其核心竞争力是什么?**

**刘承元:**我们的自身优势主要有以下四点。

一是我们有一个有实战经验的、能落地的顾问团队,且能保持核心稳定和规模扩大。

二是我们在实战中形成的咨询模式很成熟、很有效,这套模式基于人性发掘与运用,能够得到客户员工的积极响应。

三是我们在制造业领域所形成的管理智库水平很高,积累了丰富的实战案例、思想和智慧,许多是原创,引领国内精益管理潮流。

四是我们有庞大的客户群,有很好的口碑,这些都是同行无法比拟的。

我们的核心竞争力就是有一支稳定的、有实战经验的、能落地的精英队伍。我们经过多年的努力,已培养了20多位董事级合伙人,且每个董事级合伙人都能带好五六个顾问,这就是我们公司的核心竞争力所在。

**记者:请问刘董事长,3A公司如何使自己的培训与实战紧密结合?**

**刘承元:**我们公司不提倡企业做很多课堂培训,因为课堂培训的效果真的很有限,学以致用是一件很难做到、做好的事情。根据我们的经验,当企业导入精益管理一个阶段时间后,员工在改变中收获了自信和兴趣的时候，他的内心才会涌现出强烈的学习愿望。这个时候，结合管理实际，需要解决哪类问题，就对员工进行相应的针对性培训，成本低、效果佳、事半功倍。任何时候，我们都坚持培训要与现场管理实践相结合，这样培训很快能见到效果，而且员工可以在改善的实践中学以致用，很有成就感。目前，国内外市场环境不好，很多咨询公司业务量都在下降，我们却在增长，而且我们的咨询项目价格还在提高，这主要是客户认可我们咨询和培训效果的缘故。

**记者：** 3A 公司能做强做大，其成功经验有哪些？到目前为止，出版了多少部专著？哪几部影响最大？获得哪些荣誉？共举办了哪些有影响力的活动？有什么样的宏大战略目标？

**刘承元：** 我们的成功经验主要有：赶上了中国制造业高速发展的大好机遇，同时，我们还凝聚了一支有丰富实战经验、能落地、非常稳定的专家队伍。以前，我们认为，管理经验、工具很重要，后来发现理念、思维也很重要，再后来发现除了工具、思维外，好的智慧、思想更重要，我们对管理的认识与理解日益深刻。我们已经把工具方法、理念思维及智慧思想结集出版了 30 多部专著，其中《5S 活动推行实务》《精益生产之 JIT 管理实战》《TPM 与工厂全面改善》《比日本工厂更高效》影响最大。

我们是一家有情怀、很执着、有远大抱负的顾问公司，到目前为止，已举办两个有影响力的活动：一个是从 2003 年开始每年举办一次的"制造业管理高峰会"，现改为"管理创新高峰会"，参与者众多，影响深远；另一个是从 2008 年开始举办的"工厂管理公益行"活动，这是一个很有意义的回馈社会的活动，已举办 100 多期，走遍了国内 50 多个大中城市，深受欢迎。

**记者：在产业发展史上，管理咨询业已成为欧美等发达国家最成功的产业之一，起步较晚的中国管理咨询业应向他们学习什么？与其相比，差距在哪里？本土公司能否超越他们？**

**刘承元：** 我觉得，他们在规模、产业化与国际化运作上的经验，以及他们的知识库、案例库、咨询工具与品牌知名度等方面很值得我们学习，因为他们有数十年，甚至上百年的经验积累与文化沉淀。本土顾问在规模、案例积累和品牌影响力方面还有差距。

所以，我们还在学习和实践中进步。但这不影响我们在局部上超越他们，比如3A公司在落地咨询效果方面、实效口碑与续约率方面肯定超越了他们。当然，要想全面超越世界著名的管理咨询公司仍有很长的路要走。

## 客户见证

"精益造物育人"机制理论的受益企业有许多,这些企业在这一轮精益管理革命中焕发了生机和活力。企业经营就像逆水行舟,不进则退,遇到困难,选择逃避不行,选择在成功学的灌输中麻醉自己也不行,治标又治本的办法是脚踏实地、正面面对,学习精益思想,导入精益管理,采取精益行动。

听听他们是怎么说的,就会知道"精益造物育人"机制理论的强大威力。

**水晶光电股份(002273)董事长林敏**:我是八年前认识3A和刘博士的。多年的合作以后发现,3A之所以能够快速取得成效,源自他们特别重视对人性的研究和激发。我们从前做管理就只有三板斧——定目标、抓考核、作奖罚,但是成效不明显。而刘博士团队运用3A顾问技术导入各种改善机制,激发员工参与,指导员工方法,手把手帮助团队做出成效。

**佳联印染董事长胡志强**:几年前,我和几个高管到沈阳听了刘博士一天的精益课程,被"精益思想"和"如何爱员工"

的讲解打动。后来，我们和3A顾问达成了项目合作，一直到现在。佳联印染规模不大，地处四川省绵阳市三台县，先天条件一般。但是，在精益思想的影响下，我们团队激发出了极大的改善热情，取得了许多优秀的改善成果，受到客户的肯定和赞誉。

**美克家居**（600337）**董事长冯东明：** 在家具行业，我们是第一家请3A顾问做精益辅导的。当时是抱着试试看的心态开始项目合作的，没想到合作持续了近六年时间。我喜欢3A顾问老师的工作方法，他们深入研发、生产和营销一线，带领员工找问题，作改进，解决了"满地锯末、工艺落后和作坊生产"等长期困扰家具行业的痼疾，改善了质量，提升了效率。

**首钢股份**（000959）**领导：** 我们以前请其他顾问公司做6Sigma确实出了一些成果，但远不及期望。后来，我们听取朋友意见，决定和刘博士的3A顾问展开精益项目合作。事实证明，3A顾问的精益辅导威力非同一般，月月有变化，年年有成果，更重要的是团队素养、意识和能力持续提升，这是最具价值的部分。至今，我们已经合作十几年了，而且多家分公司都在请3A辅导。

**马钢股份**（600808）**领导：** 2018年开始，我们决定和3A顾问一起展开精益管理项目合作。在合作中，我印象深刻的是，3A这个团队有思想武装、有系统支持、有机制保障，在帮助企业提升方面，方法有效且效果显著。应该说，咨询辅导能够帮助企业带来这么大的效果，出乎我的预料。除此之外，在精益中我们还总结出了属于马钢自己的精益经营体系架构。

**中粮集团领导：** 中粮集团多个事业部和刘博士的3A顾问合

作已经 10 年有余。都说管理是相通的，但怎么相通，一直说不出所以然来。经过 3A 辅导，我们体会到了企业经营终究是做好造物、育人两件事情，造物是目的，育人是手段。所以，在辅导粮谷生产、肉食加工和物流仓储等不同领域，3A 的老师都能游刃有余，使我们收获成果，很值得认真体悟。

**凯信机械董事长贾克勤**：受益于 3A 公司的精益管理辅导，我们不仅收获了思想理念，更重要的是学会了推动精益管理的机制和方法。运用 3A 指导的方法，我们十多年如一日，全员参与，持续改善，让凯信的管理和技术都得到了极大的提升。我们的成套设备不仅实现了对进口的替代，而且还从 2017 年开始，实现了对欧洲的出口。感谢刘博士，感谢 3A！

**长青集团（002616）董事长何启强**：我很早就认识刘博士了，经过多次交流发现，刘博士是一位有实操经验的老师，不是纸上谈兵的专家教授。他的 3A 顾问和别的顾问公司也不同，以务实有效著称。我们之间已经合作十多年了，不仅能够获得财务效果，更重要的是可以升级管理水平和团队能力，建设生生不息的改善文化和竞争软实力。

**技研新阳董事、总经理郭文英**：第一次听刘博士讲课，就受益匪浅，特别是在激发团队士气、促进员工参与方面深受启发。但是，听是一回事，做又是另一回事。后来我们展开了合作，几年下来，效果十分显著。我们有一万多名员工，从前总是感觉团队活力不够，员工缺少冲劲。现在员工参与热情高涨，形成了浓厚的改善氛围和优秀的人本精益改善文化。

**乐祺纺织董事长甄仲明**：几年前，我们公司在经营上遭遇了不小的困难，在我们困惑、迷茫的时候，认识了 3A，认识了刘博士。经过一年、两年、三年的精益管理实践，我们终于从现场的变化、团队的进步及客户的好评中获得了勇气，得以克服困难，化解了焦虑。企业经营，不进则退。现如今，我们是全员划桨，劲往一处使，对未来，我们充满信心。

**海伦哲股份（300201）董事长丁剑平**：我们和3A顾问的合作已经有六七年时间了，他们对我们的帮助很大。现在，我们的工厂管理水平已经达到世界级，德国、日本同行看了之后都说比他们做得好。我们通过精益研发辅导，加快了产品创新速度，极大地提升了产品的竞争力水平。在专用车细分领域，我们的产品质量稳定，性价比高，市场占有率一路走高。

**圣奥集团董事长倪良正**：从2008年开始，我们和刘博士的3A公司展开合作，后来一直持续。这是圣奥一个很好的学习成长期，我们导入了精益生产、精益研发、精益采购及精益成本核算等，极大地提升了整个团队的素养、意识和能力。如今，我们拥有一支用精益思想武装起来的优秀员工队伍，这是支撑圣奥走向未来、实现永续经营的重要保证。

**瑞明股份董事长韩玉明**：记得两年前，第一次和刘博士见面的时候颇有点相见恨晚的感觉。但是我还是担心，辅导老师是否真的能像刘博士说的那样深入一线，做出效果？合作初期，我是有顾虑的，但庆幸的是后来取得了全方位的成效，远超我的期望。以前也请过其他顾问公司，顾问公司老板说得都很好，但就是落不了地。但刘博士的3A公司在这方面确实说到做到。

# 3A"精益管理咨询"模式

## 一、3A 顾问管理咨询基本流程

前期沟通→经营诊断→商务谈判→项目签约→项目实施→项目总结→项目续约

## 二、3A 顾问项目咨询理论基础

刘承元博士及 3A 专家在汲取丰田、三星、京瓷等知名企业成功经验基础上，结合自身成功的实战经验，构建了适合中国企业的多套理论架构体系，并在 3A 顾问咨询实践中不断丰富着这些理论体系的内涵，越来越彰显其强大的生命力。

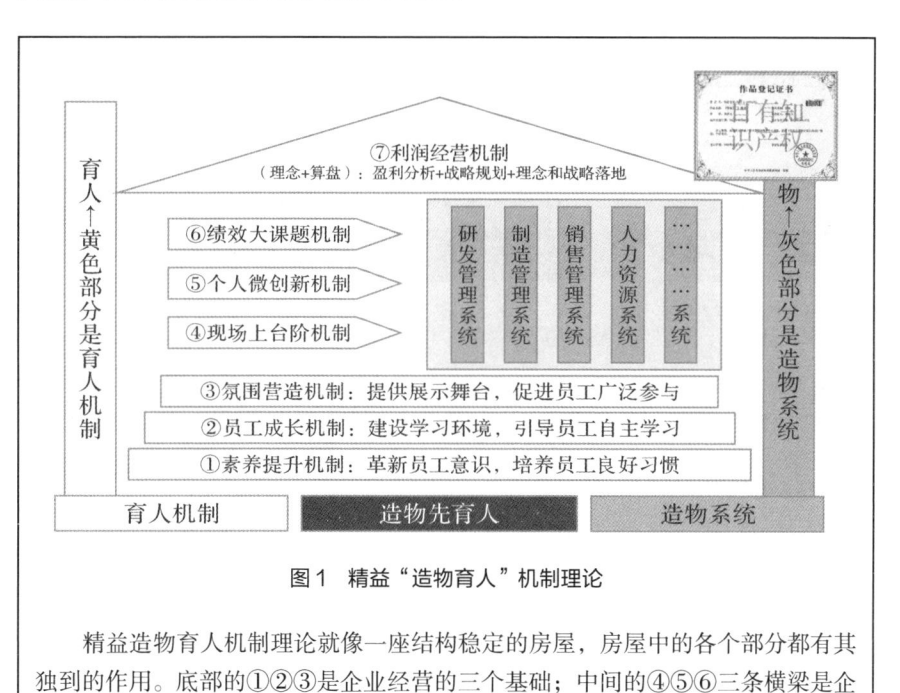

**图1 精益"造物育人"机制理论**

精益造物育人机制理论就像一座结构稳定的房屋，房屋中的各个部分都有其独到的作用。底部的①②③是企业经营的三个基础；中间的④⑤⑥三条横梁是企业进行"绩效改善"的三个机制；屋顶的⑦是企业进行"绩效经营"的动力机制。

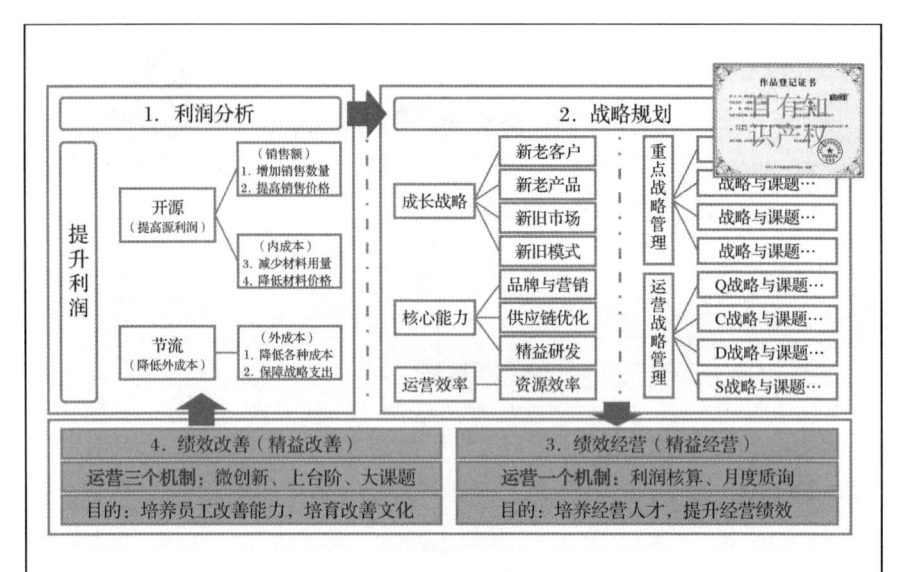

图 2　不得不懂的制造业"赚钱"的逻辑闭环

从逻辑思考和实现方式的角度，企业获取利润的流程都是一个闭环，具体包括盈利分析、战略规划、绩效经营和精益改善四个关键环节。

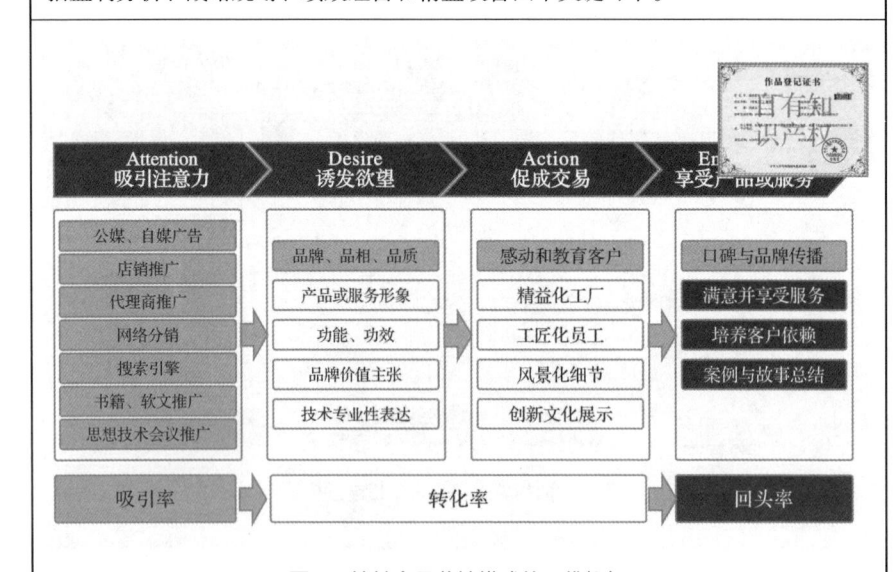

图 3　精益全员营销模式的思维框架

制造型企业应该开展基于精益管理的精益全员营销活动，主动把工厂现场、管理细节和一线员工的良好状态展现给客户，给客户信心，让客户感动，提高品牌议价能力，使销售工作不再难做，推动企业可持续发展。

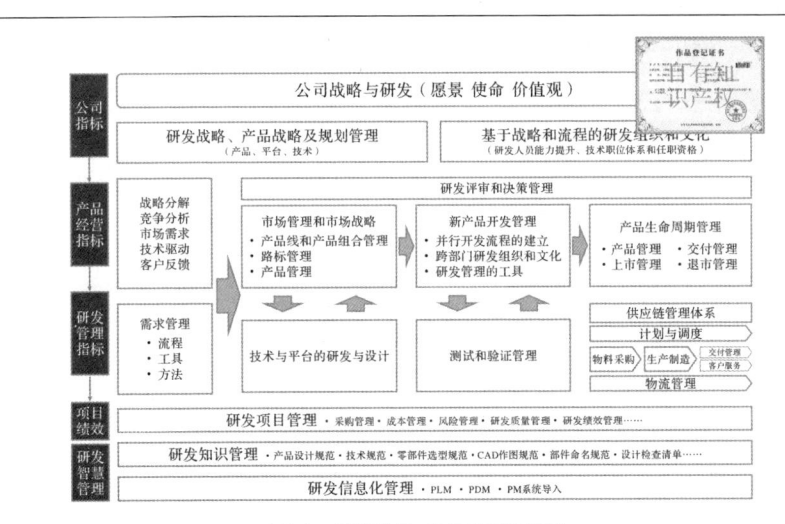

**图4 精益化集成产品开发模型**

研发任务包括以下几点：第一，基于客户需求规划产品。第二，通过产品开发流程管理，保证产品上市。第三，规划技术路线是运用技术平台减少物料种类。第四，通过生命周期管理解决产品更新换代等问题。第五，对研发经验及技术规范等进行知识管理。

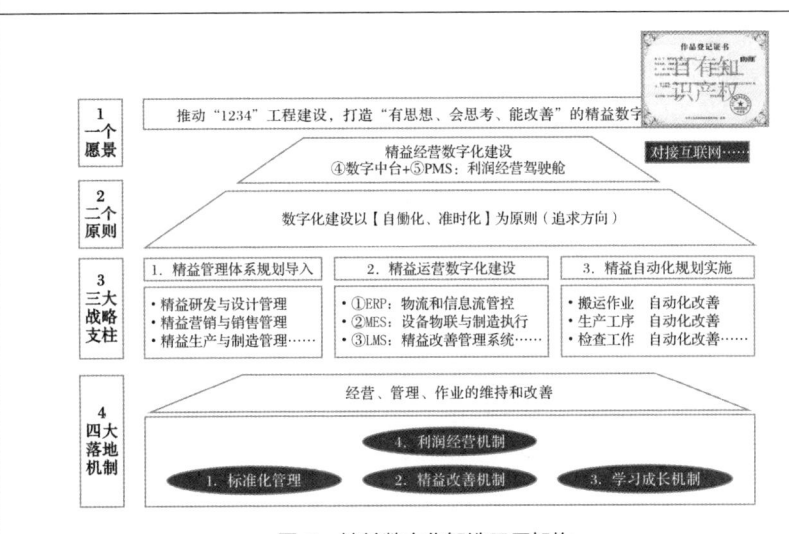

**图5 精益数字化智造工厂架构**

智能工厂结构化路径，明示了企业经营与自动化、精益化、信息化之间的关系。首先装上一个高效经营的数据大脑。其次是追求两个建设目标：一个是自働化，另一个是准时化。再次是构建三大战略支柱，即精益化、自动化和信息化。最后是运营四大落地机制。

3

## 三、3A 精益管理咨询主要内容

### 1. 3A 精益战略咨询项目

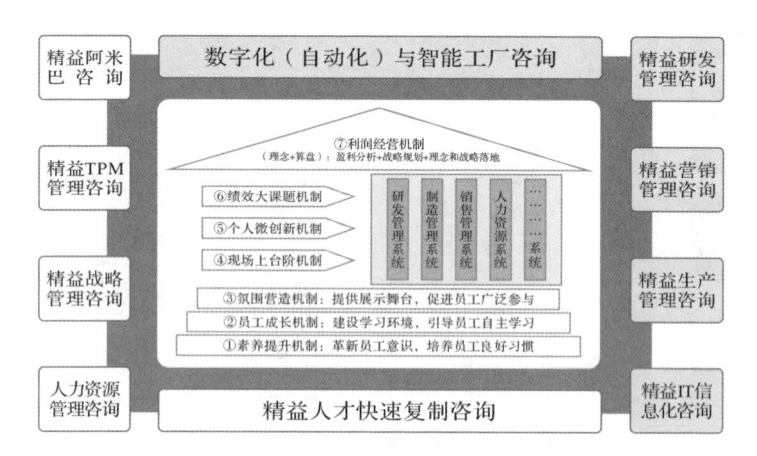

[精益阿米巴咨询] [数字化（自动化）与智能工厂咨询] [精益研发管理咨询]

[精益TPM管理咨询]

⑦利润经营机制（理念+算盘）：盈利分析+战略规划+理念和战略落地

⑥绩效大课题机制
⑤个人微创新机制
④现场上台阶机制

研发管理系统 | 制造管理系统 | 销售管理系统 | 人力资源系统 | ……系统

③氛围营造机制：提供展示舞台，促进员工广泛参与
②员工成长机制：建设学习环境，引导员工自主学习
①素养提升机制：革新员工意识，培养员工良好习惯

[精益营销管理咨询]
[精益战略管理咨询]
[精益生产管理咨询]
[人力资源管理咨询]
[精益人才快速复制咨询]
[精益IT信息化咨询]

3A 顾问首创了手把手的咨询辅导模式，极大地提升了咨询项目合作过程中的客户价值。

### 2. 咨询项目效果评价维度

一般来说，客户领导倾向于用"企业硬实力提升"来评价咨询项目价值，尽管软实力之于企业具有更重要的意义。

| | 重点评价方向 | 经营绩效成果 | 部门级经营成果 |
|---|---|---|---|
| 硬实力 | 1. 经营管理绩效提升 | ①利润额和利润率提升<br>②销售额与市场占比提升<br>③外部质量提升与交付投诉减少<br>④外部环境投诉件数减少<br>⑤单位资源产出率提升 | • 分解到部门，并以 QCDSM 值来进行数据化管理 |
| 软实力 | 2. 员工意识能力提升 | ①工艺与技术能手培养<br>②改善与革新能手培养 | • 同样可以落实到部门，进行数据化衡量和管理 |
| | 3. 企业革新文化建设 | ①发明创造与改善数量提升<br>②员工革新参与度提升 | |
| | 4. 机制标准系统建设 | ①革新改善机制建设和运营<br>②系统完善和作业标准化 | |

不同咨询项目辅导成果的指向不同，要根据项目特点进行针对性的定义、记录和评价。

## 3.3A 精益管理项目列表

| 咨询辅导项目 | 规划与辅导主体内容 | 关注焦点 |
| --- | --- | --- |
| 1. 精益生产管理咨询 | ①价值流分析与改善规划；<br>②布局、物流与生产线改善；<br>③生产利润最大化改善辅导 | • 关键经营管理指标改良；<br>• 机制、标准制度与系统建设；<br>• 氛围营造与文化改良；<br>• 员工参与与意识能力提升；<br>• 现场、设备等管理状态变化 |
| 2. 精益 TPM 管理咨询 | ①设备自主保全规划辅导；<br>②专业与预防保全规划辅导；<br>③常态化管理与绩效提升 | |
| 3. 精益阿米巴管理咨询 | ①盈利分析与商业模式规划；<br>②发展与运营战略规划辅导；<br>③阿米巴核算与运营辅导 | |
| 4. 精益战略管理咨询 | ①成长战略梳理；<br>②运营战略管理；<br>③核心能力的构建与培育 | |
| 5. 人力资源管理咨询 | ①规范组织管理；<br>②构建动力—压力—活力系统；<br>③导入绩效与薪酬体系 | |
| 6. 精益研发管理咨询 | ①竞争性产品战略规划；<br>②研发流程精益化；<br>③创新技术平台升级 | • 关键KPI指标持续向好；<br>• 机制、制度标准和系统建设；<br>• 组织效率与个人能力提升 |
| 7. 精益营销管理咨询 | ①营销与成长战略规划；<br>②营销与销售流程改良辅导；<br>③销售利润最大化改善辅导 | |
| 8. 精益供应链管理咨询 | ①供应链能力评估与规划；<br>②降本采购机制建设辅导；<br>③采购利润最大化改善辅导 | |
| 9. 精益品质管理咨询 | ①源流品质改善策略规划；<br>②自働化与防呆化改善辅导；<br>③质量成本最小化改善辅导 | |
| 10. 精益成本管理咨询 | ①固定成本与隐性成本分析；<br>②成本管理责任机制建设；<br>③成本改善课题规划辅导 | |
| 11. 数字化（自动化）与智能工厂咨询 | ①精益自动化规划实施；<br>②数字化综合咨询；<br>③数字化培训与道场 | • 制作详细的综合解决方案；<br>• 负责辅导将方案落地为现实 |
| 12. 精益 IT 信息化咨询 | ①信息孤岛化现状调查；<br>②信息一元化管理架构规划；<br>③高效 IT 软硬件配置导入 | |
| 13. 精益人才快速复制咨询 | ①要素作业和要素管理定义；<br>②教育与训练道具课件建设；<br>③教育训练计划与实施辅导 | |

5